LA NOCHE DE LOS LAPICES

MARIA SEOANE
HECTOR RUIZ NUÑEZ

La noche de los lápices

PLANETA
Espejo de la Argentina

ESPEJO DE LA ARGENTINA

Diseño de cubierta: Mario Blanco
Diseño de interiores: Alejandro Ulloa

© 1986 y 1992, María Seoane y Héctor Ruiz Núñez

Derechos exclusivos de edición en castellano
reservados para todo el mundo:
© 1992, Editorial Planeta Argentina SAIC
Viamonte 1451, Buenos Aires
© 1992, Grupo Editorial Planeta
ISBN 950-742-242-0
Hecho el depósito que prevé la ley 11.723
Impreso en la Argentina

A los chicos, siempre.
Y a todos los adolescentes que, como ellos,
se sienten comprometidos
con la solidaridad y la justicia,
y no consideran una utopía
proponer un mundo
donde sea más digno vivir.

LOS CHICOS

Francisco López Muntaner

16 años
secuestrado 16.9.76
desaparecido

María Claudia Falcone

16 años
secuestrada 16.9.76
desaparecida

Claudio de Acha

17 años
secuestrado 16.9.76
desaparecido

Horacio Angel Ungaro

17 años
secuestrado 16.9.76
desaparecido

Daniel Alberto Racero

18 años
secuestrado 16.9.76
desaparecido

María Clara Ciocchini

18 años
secuestrada 16.9.76
desaparecida

Pablo Alejandro Díaz

18 años
secuestrado 21.9.76
reaparecido

PROLOGO
A LA NUEVA EDICION

HAN PASADO YA SEIS AÑOS desde la madrugada del 7 de junio de 1986, primeras horas del Día del Periodista, en la que escribimos la última frase del prólogo a la primera edición de este libro. En esa vigilia tensa y conmovedora, nos debatimos en la imposibilidad de escribir un epílogo a la historia que, por primera vez, contaríamos a los jóvenes de las generaciones venideras.

Aún hoy, podemos recordar a los estudiantes secundarios que nos acompañaron en la búsqueda de la verdad, la alegría por el advenimiento de la democracia, la mordaza ferrosa de los organismos de seguridad, las definiciones y balbuceos de la Justicia, el movimiento zigzagueante de la memoria histórica en la conciencia de los argentinos. Aún hoy, recordamos la impotencia por desconocer el destino final de los chicos secuestrados el 16 de setiembre de 1976 en el operativo ordenado por el general Ramón Camps, pero también nuestras esperanzas: que la impunidad jurídica sería reparada por la justicia porosa de la condena social; que mientras existiera un joven que deseara un mundo más solidario y justo, ninguno de

11

los adolescentes secuestrado en la *Noche de los Lápices* desaparecería para siempre.

En la delgada película del tiempo transcurrido en nuestra historia sin fin, han quedado impresos, sin embargo, numerosos acontecimientos. Lo que era esperanza, fue certeza. Lo que era temor, fue realidad. Seis meses después de terminar este libro, entre gallos y a medianoche fue sancionada la ley de Punto Final. Un año más tarde, la de Obediencia Debida. Los miembros de las fuerzas de seguridad y civiles responsables de los hechos aquí narrados fueron sucesivamente desprocesados, y algunos procesados y condenados. Sus nombres figuraron en todas las listas de acusados del juicio a las juntas militares y en el informe de la Conadep. Los delitos que se les imputaron no fueron sólo la elaboración y ejecución de *"un plan criminal"*, el detalle de esta sentencia genérica incluía la terrible certeza de que no sólo habían exterminado a miles de opositores adultos sino también a más de 232 adolescentes entre 13 y 18 años, en la noche y niebla (NN) de la represión ilegal iniciada el 24 de marzo de 1976.

No repetiremos la cadencia de acontecimientos políticos que llevaron a los presidentes Raúl Alfonsín y Carlos Menem a esgrimir razones de Estado, o simplemente humanitarias, para desprocesar primero e indultar luego a los máximos responsables de la mayor tragedia argentina del siglo XX, como fue definido por el fiscal Julio César Strassera en su alegato final en el juicio a las juntas militares. Tampoco repetiremos los nombres de los criminales porque alimentamos la utopía de que sus acciones se perderán en la noche de los tiempos, mientras aquéllo que quisieron matar vivirá en otros cuerpos.

Es sabido por todos los ciudadanos que ninguno de los indultados ha podido eludir la condena pública cuando intentaban vivir como si nada hubiera ocurrido. Fueron bíblicamente castigados, aunque no eran piedras sino palabras las arrojadas, cuando tramitaban sus registros de conductor (Emilio Massera), cuando trotaban en los bosques de Palermo (Jorge Videla), cuando tomaban café en una confitería de Palermo (Ramón Camps), cuando eran descubiertos conduciendo su auto (Luis Vides), cuando peinaban su perro pastor inglés con la ternura de un padre en una plaza de la ciudad (Miguel Etchecolatz). El veredicto de la sociedad los declaró culpables y construyó cárceles invisibles pero invulnerables. Los motivos de este repudio cívico no parecen radicar en un deseo atávico de venganza: sí en las ansias de justicia plena, en la necesidad de escuchar una sola palabra de arrepentimiento, jamás pronunciada por los indultados, que consolidara la esperanza de que nunca más la lógica de los fusiles mutilará y segará la vida de los argentinos.

Muchas veces en estos años, sentimos el impulso de continuar investigando sobre el destino final de los chicos desaparecidos. Nunca dejamos de preguntar a funcionarios del gobierno, a familiares, a miembros de las entidades humanitarias, a los científicos del Equipo Argentino de Antropología Forense si sabían algo más sobre ellos. La respuesta era: nada. Nada. Ningún cuerpo, ni una sola tumba. La nada que confirmaba el asesinato.

Sin embargo, hubo una puerta entornada en esa búsqueda: un testimonio decisivo nos permitió probar lo que la Justicia, entonces, no pudo probar por la sola declaración de Pablo Díaz. Uno de los autores de este libro mantuvo una prolongada conversación con Emilce Moler, una de las adolescentes secuestradas en la noche del 16 de setiembre de 1976, reaparecida algunos meses más tarde y que por decisión personal no había prestado aún declaración ante la Conadep ni ante la Cámara Federal que juzgó a las juntas militares.

La entrevista con ella se realizó un día de setiembre de 1986, en la sala de estar de un hotel en Mar del Plata, y se extendió desde las diez de la mañana hasta las seis de la tarde. El compromiso de quien escuchaba respetuosamente los secretos celosamente guardados durante una década fue no reproducir jamás los detalles revelados. Sólo podemos afirmar que el conmovedor testimonio de Emilce Moler refrendó, lo sucedido en los primeros días del secuestro de los adolescentes alojados en el campo clandestino de detención Arana, División Cuatrerismo de la Policía de la Provincia de Buenos Aires, incluida su tortura. El 5 de agosto de 1986, Emilce y su padre, el comisario inspector Moler, declararon finalmente por exhorto ante la justicia, brindando un testimonio decisivo para el conocimiento de todo lo sucedido durante aquellos días trágicos.

Al escuchar ese testimonio, pensamos que, simultáneamente al tiempo del dolor, se gestaba un tiempo nuevo, vital, definitivo en la historia de los más jóvenes, que seguían leyendo las aventuras de Sandokán, que continuaban escuchando las canciones de Charly García, pero en un país distinto al que habitaron los chicos que los habían precedido. Y, efectivamente, los adolescentes que se iniciaron en la edad de la razón con el renacimiento de la democracia, crecieron más libres al poder comprender muchas de las causas de los enfrentamientos y las pasiones sociales y políticas de los años setenta.

Si en el período comprendido entre 1973 y 1976 había ocurrido el bautismo político de los estudiantes secundarios en el seno de una sociedad turbulenta y atormentada por la violencia y las proscripciones, fue sólo a partir de 1984 cuando su organización gremial se extendió masivamente en paz como un derecho democrático adquirido. El 12 de noviembre de 1984 fundaron la Federación de Estudiantes Secundarios (FES) con la participación de 450 delegados, representantes de 77 centros de estudiantes de la Capital Federal y de más de 100.000 estudiantes.

Pero fue durante 1986 cuando lograron la mayor presencia en actos, marchas, reuniones y en la constitución de su propia memoria histórica. El testimonio de Pablo Díaz, sobreviviente de la *Noche de los Lápices*, escuchado en los lugares más recónditos del país y del mundo; la aparición de las siete ediciones de este libro, traducido al italiano, alemán y portugués, y la difusión de la película dirigida por Héctor Olivera, vista por 3 millones de argentinos, que el 26 de setiembre de 1988 alcanzó en Canal 9 49,7 puntos de rating, uno de los más altos en la televisión nacional, luego del conseguido por las imágenes del viaje de los hombres a la Luna, y de la final de un mundial de fútbol, potenciaron la actividad de los adolescentes, y el aprendizaje de los adultos. Ya nunca más los padres dejarían solos a sus hijos en el reclamo de sus derechos civiles y políticos, como ocurrió amargamente en los años setenta. Las movilizaciones en defensa de la escuela pública durante 1992 han sido un ejemplo elocuente, entre otros, de este aprendizaje.

Tal vez porque los adolescentes intuyeron que estaban fundando su propia historia, tal vez porque eran la herida más abierta de una sociedad que emergía de una larga pesadilla, o porque sabían que muchos de sus sueños habían quedado truncos, se asumieron de inmediato como herederos naturales de las banderas estudiantiles y del compromiso social de los chicos secuestrados aquel 16 de setiembre de 1976. El reclamo por el boleto estudiantil gratuito se extendió a todo el país. El Congreso Nacional y numerosos parlamentos provinciales legislaron sobre su aplicación. En la mayoría de los centros de estudiantes de los colegios secundarios florecieron agrupaciones bautizadas *"16 de setiembre"*, en homenaje a los chicos desaparecidos en La Plata y, al mismo tiempo, como una nueva identidad unitaria de los adolescentes que exigía, siempre, un país más justo en el que valiera la pena crecer y soñar.

Y es esa herencia vital en los ideales inquietos y conmovedores de nuestros jóvenes lo que engarza a los militantes secundarios desaparecidos en los años setenta en la cadena memoriosa de las generaciones venideras; la misma herencia que seguramente impulsó a los estudiantes del colegio Otto Krause a crear en 1987 una consigna que se propagó veloz como la luz:

"Vano intento el de la noche, los lápices siguen escribiendo".

La misma cadena memoriosa que inspiró en 1991 a los estudiantes del colegio Nicolás Avellaneda para escribir en un mural el epílogo trascendente de esta historia:

"Los lápices eran de colores".

María Seone - Héctor Ruiz Núñez
Junio de 1992

PROLOGO

DURANTE LOS DÍAS Y MESES DE TRABAJO que demandó este libro, los hemos acompañado. Conocimos a sus familias, compañeros y amigos. Participamos de sus sueños y juegos. Compartimos su despertar político, la pasión por la justicia y la sensibilidad social que los impulsó a la lucha. Los vimos manifestarse por el boleto estudiantil secundario y enseñar a leer a los más pequeños en las villas miseria.

Los vimos crecer en la tormenta de años impiadosos, bajo la ilegalidad de dictaduras. Escuchamos su rabia cuando, como dirigentes estudiantiles destacados, fueron perseguidos por el terrorismo de ultraderecha, la Triple A y las bandas del CNU gestadas en el gobierno de Isabel Perón, bajo el amparo de los ministros de Educación del régimen. Vivimos su desaliento ante la derrota de un proyecto social y político y la desaparición de compañeros queridos. Su resistencia a dejarse vencer por el autoritarismo, a ceder conquistas que llevaban años.

Los vimos, con impotencia, marchar solos hacia la tragedia a partir del 24 de marzo de 1976, cuando los militares sediciosos comenzaron a instrumentar el secuestro, la tortu-

17

ra y el exterminio, de estudiantes como un requisito previo a la implantación de la Doctrina de la Seguridad Nacional en la cultura. Vimos como se acuñaba *La noche de los lápices* en las oficinas de Inteligencia de la dictadura, con el apoyo de algunos educadores, para truncar un proyecto "peligroso" de ser humano y a la vez producir un escarmiento ejemplar para otros jóvenes.

Estuvimos en la noche del terrorismo de Estado. Vimos al general Ramón Camps y a los hombres de la policía de la provincia de Buenos Aires violar sus domicilios, arrastrarlos desnudos, encerrarlos en campos de concentración, torturarlos y hasta negar a sus padres que estuvieran detenidos. Supimos de la responsabilidad, al menos por mutismo, de la jerarquía de la Iglesia Católica. Hubo también un silencio de la prensa que contribuyó a la ejecución del plan represivo.

Los vimos tomarse de las manos, darse aliento y amarse en el Pozo de Banfield. Vimos a sus carceleros burlarse de la solidaridad y la ternura. Escuchamos el llanto de los bebés que ayudaron a nacer durante el cautiverio. Presenciamos la escena de Pablo despidiéndose de los chicos que quedaban prisioneros, sabiendo —porque conocíamos el futuro— que ese adiós sería definitivo.

Vimos a sus padres, hermanos y amigos partir al exilio. A sus familiares reclamándolos con desesperación, cosechando respuestas mentirosas de funcionarios militares, policiales, judiciales y eclesiásticos. Los vimos perderse en las tinieblas, sin poder retenerlos, presintiendo su destino final.

Festejamos la reaparición de Pablo Díaz y su devoción por la memoria. Con la democracia recuperada, escuchamos la sentencia alentadora aunque insuficiente de los jueces de la Cámara Federal en el juicio a las ex juntas militares. En ese momento, decidimos que nuestro libro no tuviera epílogo porque aún no habían sido dadas todas las respuestas.

Hoy, soñamos con los jóvenes que conocerán a estos chicos y los levantarán como bandera. También sabemos que quien lea estas páginas no permanecerá indiferente. Del impacto emocional por la revelación de la perversidad que asesinó a la adolescencia, podrá o no recuperarse. Nosotros, ya lo hemos incorporado a nuestras vidas y jamás nos recuperaremos.

Es nuestra fatalidad y nuestro privilegio.

María Seone - Héctor Ruiz Núñez
Junio de 1986

MAYO 9, 1985

SALA DE AUDIENCIAS del Palacio de Justicia, frente a la Plaza Lavalle, a las 16.35 del tercer jueves del juicio público a las ex cúpulas militares. Dentro del recinto de diez metros por veinte había 323 personas entre público, invitados y periodistas nacionales y extranjeros. Ninguno de los reos. Sobre el estrado delantero y de espaldas al vitreaux con la inscripción *Afianzar la Justicia*, estaban sentados los seis jueces de la Cámara Federal: León Carlos Arslanián, Jorge Valerga Aráoz, Jorge Edwin Torlasco, Andrés D'Alessio, Guillermo Ledesma y Ricardo Gil Lavedra. Los ventiladores no dejaban de funcionar sobre las bandejas inferiores, mientras las cámaras de la televisión oficial registraban los gestos sin sonido de una historia que comenzaría a ser contada. En el costado izquierdo, frente a los jueces, el fiscal Julio César Strassera con su adjunto Luis Gabriel Moreno Ocampo. En el centro, el testigo.

Juez D'Alessio: *Señor, usted ha sido citado a prestar declaración testimonial en esta causa que se sigue contra los integrantes de las tres primeras juntas militares, para*

21

determinar su responsabilidad con motivo de delitos que puedan haber cometido los integrantes de las fuerzas armadas, de seguridad, o policiales bajo comando operativo de las primeras, en la lucha contra la subversión terrorista. Su declaración va a tener lugar bajo juramento. En tales condiciones debo prevenirle que el Código Penal Argentino sanciona con uno a cuatro años de prisión al testigo que se exprese en forma falsa o reticente, pena que puede agravarse de uno a diez años de reclusión o prisión si ese testimonio perjudicara al procesado en causa criminal como ésta. ¿Jura usted decir la verdad?

Testigo: *Sí, señor.*

Juez D'Alessio: *Díganos su nombre.*

Testigo: *Pablo Alejandro Díaz.*

Juez D'Alessio: *Edad.*

Testigo: *27 años.*

Juez D'Alessio: *Estado civil.*

Testigo: *Soltero.*

Juez D'Alessio: *Profesión u oficio.*

Testigo: *Empleado.*

Juez D'Alessio: *Nacionalidad.*

Testigo: *Argentino.*

Juez D'Alessio: *¿Conoce usted a los procesados y tiene noticias de esta causa?*

Testigo: *No, señor.*

Juez D'Alessio: *No me refiero a si los conoce personalmente. ¿Sabe quiénes son los procesados?*

Testigo: *Sí, señor.*

Juez D'Alessio: *¿Tiene noticias de la existencia o el objeto de este juicio de acuerdo a lo que le he explicado?*

Testigo: *Sí, señor.*

Juez D'Alessio: *¿Es usted pariente, amigo o enemigo de algunos de ellos?*

Testigo: *No, señor.*

Juez D'Alessio: *¿Ha formulado alguna denuncia contra ellos?*

Testigo: *Sí, señor.*

Juez D'Alessio: *¿En dónde?*

Testigo: *En la CONADEP y en mi causa que está en el juzgado de La Plata de Borrás?.*

Juez D'Alessio: *Perdón, ¿en dónde?*

Testigo: *En el juzgado de Borrás, presentado por la CONADEP.*

Juez D'Alessio: *¿Usted no se ha presentado a ese juzgado?*

Testigo: *No, señor.*

Juez D'Alessio: *¿Tiene algún otro pleito con los procesados?*

Testigo: *No, señor.*

Juez D'Alessio: *¿Usted se considera víctima de algún hecho que pueda atribuirse, vincularse con esta causa?*

Testigo: *Sí, señor.*

Juez D'Alessio: *¿A pesar de ello, mantiene usted su compromiso de expresarse con veracidad?*

Testigo: *Sí, señor.*

Juez D'Alessio: *Relátenos sintéticamente las circunstancias de ese hecho que lo perjudicara.*

Primera Parte
CRECER EN LA TORMENTA

Diez años antes, en primavera

"La esperanza es un niño ilegal, inocente,
reparte sus volantes, anda contra la sombra."
Juan Gelman

CON LOS OJOS ABIERTOS

"¿NUNCA MÁS VUELVE A DORMIR en paz quien abrió los ojos alguna vez?" El poeta español Vicente Aleixandre no imaginó que los estudiantes secundarios de La Plata lo citarían para recordar los días de la refundación de la Unión de Estudiantes Secundarios (UES). En la lluviosa mañana del 19 de abril de 1973, días antes de la asunción de Héctor J. Cámpora a la presidencia de la Nación, en la avenida La Plata 246, sede central del Partido Justicialista, numerosos representantes de organizaciones secundarias de todo el país decidieron unificarse. En La Plata, los primeros pasos se habían dado el año anterior con la integración de dos vertientes: la Alianza de la Juventud Peronista, considerada irónicamente como "la derecha", por su apego a la ortodoxia, y el Movimiento de Acción Secundario (MAS) ligado al Frente de Agrupaciones Eva Perón (FAEP), embrión de la futura Juventud Universitaria Peronista (JUP). La avalancha de votos en las elecciones de 1973 en favor del Frente Justicialista por la Liberación Nacional (Frejuli) facilitó la unidad. Corrían los tiempos de un país "en movimiento, con los brazos en alto y dispuesto a que la balanza de la liberación o la dependencia se incline, en este siglo, por el bienestar y la justicia", como decía la primera declaración de la UES.

Los jóvenes querían a Perón y resolvieron que la nueva estructura se denominara como en 1952. Pero ese año estaba lejos y la tinta de la historia no era tan roja entonces como lo había sido en el epílogo de la dictadura de los generales Juan Carlos Onganía, Roberto Marcelo Levingston y Alejandro Agustín Lanusse, entre 1966 y 1973. La nueva UES dejaría atrás sus primitivos objetivos de nuclear a los secundarios en centros de recreación o en complejos polideportivos: declaraban que querían sumar al estudiantado a la lucha por la liberación nacional. El primer Consejo Nacional fue integrado, entre otros, por Cristian Careti de Capital Federal, Publio Molinas de Santa Fe; el chaqueño Antonio Silva y el misionero Ricardo Fleytas. Veían "con los ojos abiertos", que en el fondo del país había una realidad "signada por la crudeza de la injusticia (...) que late en la sangre de quienes saben que la lucha no es otra cosa que una inmensa vocación de justicia y hermandad". Esa era la meta. Mientras tanto, había que exigir la derogación inmediata de la ley De La Torre, que prohibía la libre agremiación estudiantil y que sirvió durante muchos años como argumento jurídico para evitar que los adolescentes combatieran el autoritarismo. Sarmiento no les gustaba pero no por eso eran la barbarie. Moreno les recordaba sus ideales de independencia, la mano dura contra *otra* ocupación, *otra* colonia. Redescubrían a los próceres, despojándose del amor y el odio inculcados por la historia oficial. Así se aproximaron por esos días a la lucha popular, abandonando a Julio Verne, escuchando a Sui Generis, heredando el gusto por Los Beatles y despidiéndose definitivamente del Tigre de la Malasia, el pirata "tercermundista" Sandokán. Si como él no querían morir esclavos, debían ser protagonistas de su propia pasión.[1]

Jorge Taiana, el ministro de Educación del gobierno de

Cámpora, escuchó las manifestaciones multitudinarias: la ley De La Torre fue derogada y proliferaron legalmente los centros de estudiantes, los cuerpos de delegados, los clubes colegiales y las coordinadoras. Eran tiempos de democratizar la energía y de emparentar los ideales con la acción. Los chicos de la UES se sentían herederos de esa consigna de Perón que la generación de sus hermanos mayores, integrados a la JUP, habían visto pintada durante su infancia en las calesitas: "Los únicos privilegiados son los niños". El mensaje social y político los incitaba a que se transformaran en los dueños de la sortija, el puente del futuro.

La mayoría de los militantes de esa generación no pasaba los 16 años; comenzaban a fumar públicamente sus primeros cigarrillos. Miguel Carlos Sfeir (militante de Vanguardia Comunista) y Oscar Horacio Lisak (de la UES), ambos de 17 años, no alcanzaron a apagar los suyos: fueron asesinados la noche del 25 de mayo de 1973 a las puertas del penal de Villa Devoto. Un preanuncio de las descargas del futuro. Con Lisak, los secundarios peronistas tuvieron su primer mártir en la democracia, y aunque reclamaron y lo llevaron como bandera arropado entre guitarras y manifestaciones, la masacre de Ezeiza, el 20 de junio de 1973 —día del retorno definitivo de Juan Domingo Perón a la Argentina luego de 18 años de exilio—, no les daría respiro. El dirigente de la UES Hugo Lanvers cayó asesinado bajo el fuego cruzado de la banda de Jorge Osinde & José López Rega en el Puente 12. El ábaco de la primaria ya no alcanzaría para contar a los ausentes. El 22 de agosto aparecía acribillado Eduardo Bekerman; las bandas de la Alianza Anticomunista Argentina (Triple A) estaban festejando a su manera la continuidad de la matanza de prisioneros en Trelew, el 22 de agosto de 1972. En ese clima, el interventor Oscar Ivanissevich irrumpió en las aulas secundarias y universitarias, y Taiana se fue con los últimos pétalos mustios de una democracia abortada, el 14 de agosto de 1974. El golpe de 1976 se adelantó dos años en los pasillos estudiantiles. Los secundarios no querían al ministro de Educación de Isabel Martínez y López Rega; pero la derecha peronista, sí.

Hacia 1974, los colegios dependientes de la Universidad Nacional de La Plata (UNLP): Bellas Artes, Liceo Víctor Mercante y Colegio Nacional, constituían la oposición más firme a la derechización. Pero en 1975, con la evolución de las consignas estudiantiles de "universidad popular" a "reapertura de los centros intervenidos", correspondería a los bachilleratos y los normales llevar la voz cantante, entre ellos al colegio España y al Normal Nº 3.

En ese período, la UES local había estructurado para la dirección del movimiento un Consejo Estudiantil formado por un representante por cada colegio: "universitarios" (secundarios de la UNLP), bachilleres, técnicos y nocturnos. En cada escuela funcionaban grupos de actividad llamados ámbitos, con tres niveles de participación: militantes, activistas y colaboradores.

Junto con los secundarios peronistas, otras fuerzas estudiantiles gritaban contra la fascistización de la enseñanza: la Juventud Guevarista (JG), cuyo lema era la consigna de Ernesto Che Guevara "El presente es lucha, el futuro es nuestro", la Juventud Socialista (JS), la Federación Juvenil Comunista (FJC), la Juventud Radical Revolucionaria (JRR), antecedente histórico de la Coordinadora, con sus agrupaciones nucleadas en Franja Morada, y el Grupo de Estudiantes Socialistas Antiimperialistas (GESA). Confluyeron a partir de 1974 en la Coordinadora de Estudiantes Secundarios (CES). Allí participaron algunos estudiantes secundarios posteriormente asesinados, como Claudio Slemenson, fundador de la UES de Tucumán, y Ricardo "Patulo" Rave, de 17 años, ahorcado con alambres en el barrio Los Talas de Berisso, el 24 de diciembre de 1975. La represión avanzaría por igual sobre las banderas de unos y otros.

Las estadísticas del genocidio no estaban abiertas todavía cuando en la ciudad que Dardo Rocha dibujó como un cuadrado perfecto (que enmarcaría simétricamente al infierno) comenzaba, la lucha por el boleto estudiantil secundario (BES), exactamente seis meses y ocho días antes del comunicado N⁰ 1 de la Junta Militar integrada por el general Jorge R. Videla, el almirante Emilio E. Massera y el brigadier Orlando R. Agosti.

Fue en esos días que se conocieron María Claudia Falcone, Claudio de Acha, Horacio Ungaro, Daniel Racero, Emilce Moler y Francisco López Muntaner, todos militantes de la UES. Pablo Díaz, a pesar de haber pertenecido a las mismas filas hasta los primeros meses de 1975, para la primavera llegó alistado en la Juventud Guevarista cuyo bastión más importante entre los secundarios de La Plata estaba en el Colegio España, bautizado como "La Legión" (por la Legión Extranjera), el lugar donde llegaban desterrados los que, como Pablo, habían sido expulsados por "molestos" de otros colegios de la ciudad.

EL BOLETO DE LA DISCORDIA

El 22 de agosto de 1972, el país fue conmocionado por el ametrallamiento, en esa madrugada, de dieciséis guerrilleros pertenecientes a ERP, FAR y Montoneros que días antes habían intentado fugarse del penal de Rawson. El sistema de represalias, esta vez practicado por el Batallón de Infantería N⁰ 4 al mando del capitán de corbeta Emilio Sosa, desenterró en la brumosa y fría Base Aeronaval Almirante Zar, el ojo por ojo y diente por diente de las guerras civiles del siglo pasado. También inauguró una forma de represión integrada a la Doctrina de la Seguridad Nacional.

El azar (o no) unió la sanción del boleto escolar con el

calendario de los crímenes políticos en Argentina: ese día, los funcionarios de la Dirección de Transporte del Ministerio de Obras Públicas de la Provincia de Buenos Aires firmaban el decreto 4594, que actualizaba el decreto 4029 sancionado en 1969 durante el gobierno de Onganía.

El boleto estudiantil primario había salvado su pellejo desde que en 1952 fuera establecido por el peronismo para facilitar la educación de los sectores populares. Durante el régimen de Onganía la franquicia se extendió a los secundarios, otorgándose un 20% de descuento sobre la tarifa general.

El nuevo decreto permitía a la Cámara Gremial del Transporte Automotor de la provincia compensar la merma de ingresos originada por las tarifas preferenciales para estudiantes con un aumento de las tarifas comunes. En el artículo tercero se establecía el 20% de descuento para los estudiantes secundarios y el personal docente; en el cuarto, para los universitarios. Estaba previsto, entonces, que el usuario pagara una parte del boleto de sus estudiantes y profesores, en el marco de una conquista popular que llevaba años. También estaba previsto que las tarifas escolares quedaran sujetas a los mismos incrementos de precios que los boletos generales. El estallido de la inflación y el tironeo del Estado con las compañías de transporte por la exigencia de continuos reajustes, pondría en permanente peligro la existencia del boleto escolar.

A pesar de la disposición provincial, en La Plata y sus alrededores el boleto escolar no se hizo extensivo a los estudiantes secundarios. En la primavera de 1975, éste sería el tema de la discordia.

CLAUDIO

En 1971, cuando se radicaron en La Plata, su hermana Sonia tenía seis años y él trece, y la familia se había mudado por los menos media docena de veces.

Ese verano, mientras cursaba el preparatorio para ingresar al Nacional, pegó un estirón que lo mostró alto, flaco, de piernas largas. Se hizo hincha de Estudiantes (abandonó a su padre en la tribuna de Boca) y se dedicó a escribir poesías contra la guerra de Vietnam. Escuchaba a Sui Generis, Los Beatles, folclore latinoamericano, Beethoven y los partidos de fútbol de los domingos: se divertía retransmitiéndolos para los chicos del barrio.

Ese año se entusiasmó con *Los compañeros, La batalla de Argel y Los 400 golpes,* y como no siempre había plata para ver buen cine francés o italiano, leía las crónicas periodísticas de cabo a rabo. Era un antibelicista "visceral". El año anterior, el equipo psicopedagógico de su escuela había hecho un test: les preguntaron qué deseaban para el futuro. La mayoría de sus compañeros contestó plata, un coche o una casa grande. El, que no hubiera guerras ni hambre en el mundo. Pero se olvidó de pedir dos cosas: más estabilidad domiciliaria y más

Claudio de Acha, 16 años (1975)

bibliotecas (con los libros le pasaba lo mismo que con el cine; tenía que pedir prestado). La lectura era una de sus pasiones; leía montado sobre la bicicleta o caminando. Lo miraban como a un loco.

Su chifladura tenía genealogía.

Las huellas I

Nació pelirrojo el Día de la Primavera de 1958, un domingo tranquilo, en el barrio Los Plátanos, cerca de La Plata. El "Vasco" Angel Bengochea [2], buen amigo de sus padres, dijo de él: "Este es el único bebé que conozco que no tiene cara de buñuelo". A su madre el embarazo le costó el empleo. No podían tirar manteca al techo porque su padre, pintor y dibujante egresado de Bellas Artes, en esa época era obrero de Ducilo. Para marxistas como Olga Koifmann e Ignacio de Acha esto era un orgullo, pero se morían de hambre.

Se mudaban con frecuencia, más por bohemia que por pobreza. Claudio nunca lo entendió, y sufría. Su abuela materna lo sobreprotegía, igual que su madre. Le daba vuelta las medias para que las costuras no le lastimaran los pies, pero lo obligaba a que llevara el pantalón siempre planchado. Así fue hasta que ella murió en 1966. El hubiera preferido que lo siguiera molestando con eso de guardar las formas.

Ya lo habían bautizado "Mao" por sus ojos achinados cuando, en el jardín de infantes, su madre confirmó que era muy tímido. El primer día se sentó solo en una punta del salón y tardó semanas en hablar con otros chicos (siempre sería así, excepto en otras circunstancias, quince años más tarde). Con la excusa de los juegos de pelota logró integrarse a grupos, lentamente, porque era lento para todo. O, a veces, rápido: un día, aún en pre-escolar, lo sorprendieron hojeando *El Capital*. "¿Qué hacés, Mao?", le preguntaron riéndose, y se asustó.

Creyendo que lo que estaba mal era la posición del libro, lo giró para mirarlo al revés.

Antes del nacimiento de su hermana, su padre comenzó a trabajar como publicitario y podía pasar las tardes con él. Le enseñaba a dibujar y le contaba historias. Después de la cena, el relevo era su madre con *Poesías para cebollitas* de María Elena Walsh o *El Principito*. Un día decidió convocar al pequeño héroe a que entrara por su ventana. Su padre lo sorprendió esperándolo.

En 1967, cuando ya vivían en Necochea, frente al mar, la vida le cambió. No dejó de ser silencioso y reflexivo, pero estaba más feliz. Su padre instaló un taller de arte, y entre pincel y pincel, le explicaba las teorías de Frantz Fanon y de Monteiro Lobato y, más allá de la pedagogía las jornadas de la revolución bolchevique. Con tantos cambios de escuela, no era un alumno sobresaliente pero le alcanzaba. Decía que su otra patria eran los libros, "casas rodantes como de caracoles", y más inofensivos que las personas que lastimaban al despedirse.

INSTANTANEA FAMILIAR

Su tía Nélida y sus primos, él y su madre en la estación de Necochea. Es el momento de las despedidas porque las vacaciones han terminado y sus primos regresan a Buenos Aires. Claudio exige que le compren una revista. El tren está por salir. Los primos lloran, la tía lo abraza y lo besa. El se esconde en la lectura para no escuchar: "Chau, Claudio, chau".

A los doce años, antes de llegar a La Plata, ya conocía bien la crónica del Cordobazo, la vida del Che, y la necesidad de un cambio. Se hablaba de que la dictadura iba a dar elecciones a la corta o a la larga. "Mamá, creo que en este país la única solución es el socialismo." Los padres compartían esa opinión y estimulaban sus lecturas de historia y política.

En esa época, Claudio de Acha no pensaba en el peronismo.

Las huellas II

Ingresó al Nacional en 1972, cuando las manifestaciones estudiantiles y una ola de huelgas de los trabajadores no docentes de la universidad conmovían el "orden" de la dictadura de Lanusse.

Pero fueron los fusilamientos de Trelew los que lo convencieron (como a la mayoría de los compañeros de su promoción) de que había llegado "la hora de la acción". Si había gente que moría defendiendo ideales como los suyos, le comentó a su padre, él no podía permanecer al margen. Después de la victoria de Cámpora, participó en la toma del Nacional. Exigían la renuncia del rector Caraza Torre, la sustitución de profesores ligados al régimen anterior, el gobierno tripartito, y la eliminación del uniforme y del examen de ingreso, que fomentaban el elitismo. Consiguieron todas las reivindicaciones y hasta otras, como fumar en las aulas. Se lo veía dando saltos de alegría con sus piernas largas: "Estudiantes, estudiantes del Colegio Nacional, todos juntos adelante por cultura popular".

En 1974 nació su hermano Pablo. Después de la muerte de Perón el primero de julio de ese año se incorporó a la UES. Discutió con sus padres esa decisión que no se correspondía con la historia familiar. "Yo no llego al peronismo por las vísceras, viejos. Estoy ahí por mi formación marxista. Creo que la izquierda nunca entendió bien la cuestión nacional", eran sus fundamentos.

En el grupo de la UES del colegio conoció a Adela Segarra, que fue su mejor amiga. Era la única que no se plegaba a las bromas de los otros compañeros. "Sos un puro total", le decían, porque no bailaba, ni tomaba, ni fumaba. Con Adela se quedaba horas charlando, después de las reuniones. Durante las vacaciones, de día enseñaban a leer a los chicos de las villas y, por las noches, se quedaban allí tomando mate con los obreros más combativos, que les contaban anécdotas de la resistencia peronista.

Adela lo entendía. Un día, él le planteó que estaba preocupado porque muchos preceptores y chicos de quinto año se drogaban, y que la UES tendría que combatir ese hábito aunque sin hacer moralina. "Menos mal que a los compañeros no se les dio por eso", se calmaba. También, que la crisis política del peronismo había lastimado el compromiso de muchos chicos. "No te digo que sean oportunistas y obsecuentes, pero que no te prometan algo y después te fallen a las citas." Y Adela sabía que tenía derecho a reclamar porque recordaba, sin decírselo, cuando en las pintadas a él le temblaban las piernas pero era el primero en anotarse para apretar el aerosol.

Anduvieron siempre juntos, hasta el otoño de 1976, cuando Adela le dijo que se iba de La Plata. En la última cita hablaron de la peligrosidad de los preceptores del colegio (la mayoría de la derechista Concentración Nacional Universitaria —CNU—), que delataban a estudiantes de la UES y de otras agrupaciones. Ella lo encontró muy entusiamado con sus cosas. Ya no le aburría la mediocridad general de su curso, al que tantas veces había criticado. Pensaba que los estudiantes reaccionarían en masa contra el clima represivo impuesto por la dictadura. Aunque no había cambiado el sistema autoritario del 1975, las "ausencias" se notaban cada vez más. Adela no era tan optimista.

—*Ya cayeron muchos chicos, Claudio. No voy a dejar la actividad pero en La Plata ya no puedo seguir.*

—*¿Estás bajoneada?*

—*Más o menos. Comenté en el Consejo Estudiantil que quiero irme a Buenos Aires; además, mi compañero también se va para allá. ¿Vos no te das cuenta que la cosa está cada vez más difícil?*

—*Sí, pero sabés como es esto. Ahora no se puede fallar. Tendremos que tener más cuidado y no proponer actividades descolgadas.*

Después cambiaron de tema y disimularon hablando de lo bien que cantaba tangos la "Tana" Rinaldi. Esta vez, cuando se separaron, Claudio no leyó pero tampoco se despidió.

Sólo su madre sabía que estaba enamorado de Adela.

CON LOS PIES EN LA CALLE

CUATRO MINISTROS DE ECONOMÍA se sucedieron en los últimos ocho meses del gobierno de Isabel Martínez: Celestino Rodrigo, que recurrió a la receta del *shock*, Pedro Bonani, Antonio Cafiero y Emilio Mondelli. Una devaluación drástica y la anulación de paritarias provocaron numerosas movilizaciones populares e impulsaron al mismo Lorenzo Miguel a poner las columnas de la UOM en la calle. El verticalismo resquebrajado hasta en el entorno presidencial daba la medida de la crisis interna del peronismo, teñida de sangre desde Ezeiza y profundizada con la muerte de Perón y la debacle económica.

Los cambios producidos en el gabinete el 11 de agosto de 1975 liquidaron oficialmente el período de la "Misión Ivanissevich". El nombramiento de Pedro José Arrighi como ministro de Educación confirmaba, en el área educacional, la ofensiva del eje sindical castrense contra el lopezrreguismo.

En un mes, Isabel Martínez había perdido a dos de sus ministros más cercanos: José López Rega y Oscar Ivanissevich. Respaldó la gestión de Arrighi, quien debía, supuestamente, conseguir el alejamiento de los decanos que se oponí-

43

an a la normalización universitaria, luego de la intervención iniciada un año antes por la "Misión". En la misma semana rodó la cabeza del decano de la Facultad de Filosofía y Letras de la UNBA, Tomás Sánchez Abelenda, y se puso en peligro la del interventor de la Universidad de Bahía Blanca, Alberto Remus Tetu —ambos confesionales del Opus Dei—, aunque este último conservó su puesto.

El día de la asunción, Arrighi se declaró "un hombre católico que está en lo nacional". [3] Su profesión de fe por la derecha no le sirvió la noche del 24 de marzo de 1976: fue arrestado en su casa, en camiseta, y encerrado en un camarote del buque cárcel "Bahía Aguirre", bajo la custodia de un marinero. [4]

Los secundarios y universitarios de La Plata no habían olvidado el *currículum* de Arrighi como interventor de la UNLP durante la gestión del ministro que reemplazaba. Había intervenido la Asociación de Trabajadores de la Universidad (ATULP) y comenzado a preparar los archivos secretos de "agitadores profesionales", como denominaban los funcionarios del gobierno a los militantes estudiantiles que exigían sus renuncias y la derogación de la ley universitaria que prohibía la actividad política y gremial en los claustros, al estilo de la ley De La Torre.

Los estudiantes se movilizaron en momentos en que un proyecto de elecciones anticipadas comenzaba a rondar la cabeza de los dirigentes políticos, para capear la crisis, y dentro del clima de terror que generaban la represión gubernamental y las bandas de la Triple A, que ese mes se atribuyeron cincuenta y un crímenes. Los secundarios tenían pocos aliados en el gobierno de la provincia. Hombre de la derecha peronista, el gobernador Victorio Calabró aspiraba a integrar como dirigente el eje sindical-castrense. Despertaba muchas simpatías entre los jefes militares y similar encono entre los estudiantes. Muchos de sus colaboradores pertenecían al

Comando de Organización (C de O) y al Comando Nacional Universitario (CNU), organizaciones acusadas de proveer cuadros civiles a la Triple A o "tres armas", como también se las denominaba para indicar la participación de las FFAA en las tareas paramilitares del momento.

Bajo este clima y en vísperas de la primavera, los secundarios iniciaron su lucha por el BES.

—*Hacía calorcito* —recuerda Marcelo Demarchi, en 1986 presidente del Centro de Estudiantes de la Escuela de Teatro de La Plata—, *y la Coordinadora de Estudiantes Secundarios nos había convocado para que lucháramos por el boleto secundario. En ese momento yo estaba en el colegio Virgen del Pilar y un día vino Ricardo Rave, que era compañero mío de año, para pedirnos que participáramos en las reuniones previas a las manifestaciones. La primera reunión a la que fui era en la UES. Allí conocí a Horacio Ungaro, María Claudia Falcone, Pablo Díaz y Claudio de Acha. Recuerdo que por los colegios católicos privados estaban el nuestro y el Carmen de Tolosa y que no aceptaron la invitación los colegios San Luis, Misericordia y Eucarístico. Nosotros queríamos hacer algo porque en nuestra escuela estábamos luchando para que se reemplazara el uniforme por un delantal para todos. Pero los que llevaban la delantera en la lucha eran el Bellas Artes, el Colegio Nacional, los normales Nº 1 y 3 y La Legión, como le decíamos al Colegio España. Allí estaban los chicos que después secuestraron. También estaban los otros dos normales, los industriales, el Vergara y el Liceo Víctor Mercante. Había una voluntad enorme entre todos y mucha solidaridad porque el boleto no era para unos pocos. María Claudia se sentó al lado mío en esa reunión... ¿qué puedo decir? Ella tenía 15 años y yo 17 pero su fuerza interior me impresionó. Recuerdo que me dijo: "aunque el boleto no lo consigamos para nosotros, quedará para los futuros estudiantes".*

El primero de setiembre de 1975, el Concejo Deliberante de La Plata se hizo eco de los reclamos estudiantiles. En la prensa local se informó que se encontraba en estudio de la Comisión de Transporte y Tránsito un proyecto presentado por el concejal Rodolfo Mariani, del Frejuli, tendiente a establecer un boleto con tarifa reducida, similar al de la enseñanza primaria y que beneficiara a los alumnos de los ciclos secundarios y de escuelas nocturnas.

El 4 de setiembre a la noche en un aula del Normal Nº 2, se realizó la asamblea preparatoria de la movilización del día 5, en la que participaron más de 300 alumnos, en su mayoría delegados de sus colegios. Se admitió que se habían agotado todas las instancias posibles y que lo único que quedaba por hacer era marchar por las calles de la ciudad. Claudio de Acha, aunque no asistía en representación del Nacional como delegado, insistió en que la movilización era la carta más importante que tenían para convencer a las autoridades. Llevaba la voz de la UES, trepado a la tarima desde donde se coordinaba la asamblea.

Pablo Díaz recuerda que en esa reunión ya sospechaban que la policía los vigilaba.

—*Sabíamos que había un cana que anotaba nuestros nombres y nos fichaba. Estaban al pie del cañón todos los chicos, Horacio Ungaro, María Claudia Falcone, Daniel Racero, Marcelo Demarchi, Francisco López Muntaner, Patricia Miranda, Emilce Moler, el que más se destacaba era Claudio de Acha. Decidimos que la marcha se haría con o sin represión y todos estuvimos de acuerdo, hasta que uno de los chicos dijo que si había represión era mejor pedirle a una organización guerrillera que nos protegiera. Se armó un revuelo bárbaro y al pibe casi lo echan, pero se arregló que cada colegio pusiera su propia seguridad.*

Votaron por unanimidad que se marchara, y se dispuso que cada centro delegara en un grupo de alumnos su seguridad, distinguiéndose entre sí con brazaletes de distintos colores.

El día 5, los secundarios salieron de sus colegios encolumnados detrás de sus banderas, que hacían confluir, alineándolas, con el cartel unificador de la CES al frente de la marcha. Los del Industrial iban con sus limas, sus overoles y sus reglas "T"; los normales con sus guardapolvos, sus carpetas; el Nacional, mayoritariamente varones que marchaban con saco y corbata de nudo ancho; los de Bellas Artes, como serían futuros artistas, con ropas informales las chicas, y conjuntos de pantalón y campera de jean los varones. Bellas Artes y "La Legión" marcharon desde la plaza Dardo Rocha por la calle 7 hasta la 58. El Normal 3 cruzó la calle, y el Nacional y los industriales se acercaron por 7 hacia 59.

Se concentraron más de tres mil estudiantes a las puertas del Ministerio de Obras Públicas, en 7 entre 58 y 59, para entregarle a las autoridades el petitorio en el que la Coordinadora Estudiantil exigía un BES de un peso. En el parque del ministerio estaban estacionados cuatro carros de la guardia de infantería. La policía montada, lista para cargar, aguardaba en la esquina de 7 y 59. Había perros jadeantes y muchos rostros iguales, cascos marrones alineados y escopetas.

Los estudiantes gritaban, contentos y decididos. Las consignas retumbaban en los despachos oficiales: "Luchar, luchar, por el boleto popular"; "Eso, eso, eso, boleto de un peso"; "Lucha, lucha, lucha, secundarios a la lucha"; mezcladas con las bromas: "eso, eso, eso, nos sacaremos el queso", y la expresión gruesa de una general antipatía: "Calabró, Calabró, la puta que te parió".

Una delegación, integrada por diez alumnos de distintos colegios, intentó conversar con el director de Transporte, Juan Carlos Schiff. Los palos de la guardia de infantería debían adelantarse, y la valla policial provocó un forcejeo a las puertas del ministerio. Unos vidrios rotos fueron la excusa para

47

que en apenas cinco minutos se dispararan más de 20 bombas de gases lacrimógenos contra los adolescentes. Si querían parlamentar, pensaron los jefes policiales, mejor que lo hicieran desconcentrados y con algunos contusos.

Pablo Díaz revive las escaramuzas.

—*Mientras nos dispersábamos corriendo, tiramos piedras y les devolvimos algunos cartuchos de gas. Nos reconcentramos en la calle 8 y 50 para formar pequeños grupos que fueran a parlamentar con las autoridades. Yo fui a Obras Públicas con Claudio de Acha y María Claudia Falcone. Horacio Ungaro y Daniel Racero estaban en la comisión que fue a la intendencia municipal a entrevistarse con un amigo del gobernador Calabró, el intendente Juan Pedro Brun.*

Pasaron muchas horas desde el mediodía en que se había iniciado la marcha a la salida de clases hasta que Schiff recibió, aunque no personalmente, el petitorio estudiantil. Les mandó decir lo mismo que a la prensa: que se estaban estudiando las medidas pertinentes. El diario *El Día* señaló en su edición del 6 de setiembre que los estudiantes habían sido recibidos personalmente por Schiff, pero Pablo Díaz recuerda que no fue así. Con más suerte, quienes habían ido al Senado se entrevistaron con el titular del cuerpo, Arturo Ares, del Frejuli. El senador reiteró las promesas del director de Transporte. Otra delegación vio a los concejales Luis Cansolini y Rodolfo Mariani del peronismo, al radical Pedro de la Canal y a Raúl Torchio de la Alianza Popular Revolucionaria (APR). Las respuestas fueron similares. Las autoridades coincidían en aconsejarles paciencia. Los estudiantes no se desmovilizaron; en los días posteriores realizaron asambleas en la mayoría de los colegios, para seguir con atención el curso de los acontecimientos.

HORACIO

La tarde del 12 de mayo de 1959, Olga Fermán sonrió con su marido Alfredo Ungaro. El fibroma que nueve meses antes le había diagnosticado el ginecólogo resultó ser Horacio Angel, el último de sus cuatro hijos. Luis Arsenio, Martha Noemí y Nora Alicia ya tenían doce, once y seis años.

La casa quinta en la que vivían, en Gonnet, era amplia pero oscura, y durante los primeros años después de la llegada de Horacio estuvo conmocionada. Al "Nene" no le gustaban las mamaderas ni los chupetes; hubo que darle las primeras comidas con las cucharitas más pequeñas que pudieron encontrar.

Alfredo Ungaro había heredado de su padre la pasión por la España republicana y cierta tozudez política como militante comunista. Olga trabajaba de contadora en el Ministerio de Economía y antes de salir por las mañanas disponía las cosas para que sus hijos funcionaran en equipo. Todos supieron leer antes de comenzar el colegio primario.

Alfredo reunía a los chicos por la noche y les contaba historias con distintos personajes que encontrarían a lo largo de sus vidas. Horacio, el más pecoso e introvertido, lo escuchaba sosteniéndose el mentón, inmóvil.

Horacio Ungaro, 16 años (1975)

Entonces Pedrito se va del campamento, deja a sus ami-
guitos boy-scouts, y peligrosamente se acerca al de los
indios vecinos. Pasaron muchas horas y Pedro no volvía.
Todos pensaron que se había extraviado porque era un
chico de la ciudad. Después de buscarlo por el bosque,
atravesando árboles gigantes y temiendo que algún ani-
mal feroz se les cruzara en el camino, lo encontraron
cuando anochecía, distraído y despreocupado.
—¿Qué hiciste? —le preguntaron.
—Nada, estuve pescando —dijo.
—Tanto tiempo afuera y no hay un solo pescadito.
—Bueno, es que estoy esperando que pase una lata de
sardinas La Campagnola.

Todos cursaron la primaria en la escuela Nº 18. Atravesa-
ban el camino Centenario por las mañanas, sumergidos en las
bufandas y el olor tibio de los eucaliptos, mientras el frío les
apagaba las pecas. Los hermanos se preocupaban por la serie-
dad de Horacio; pensaron que nunca tendría amigos porque
era tímido y hermético. Sin embargo, Nora lo encontró diferente aquel Día del Niño de 1967.
—El estaba cursando tercer grado. Entro al aula y lo veo
rodeado de compañeritos. Me alegró mucho porque nosotros
éramos muy expansivos. Ya no tendríamos que preocuparnos
por el "Nene".

EL PRIMER SACUDON

1968: Horacio, acurrucado y con los ojos abiertos,
acomodándose nervioso su pelo rubio y lacio, escuchaba
detrás de la puerta. Recién llegaba de sus clases de francés.
Alguien había traído la noticia de que su hermana Martha
estaba detenida. Cursaba el primer año de medicina y se había

51

solidarizado con la toma de la Facultad de Arquitectura. Se la habían llevado junto con otros 400 estudiantes apaleados por la guardia de infantería durante la evacuación del edificio. Salió pronto, pero un decreto firmado por el arquitecto Rodríguez Sauna, interventor de la dictadura del general Juan Carlos Onganía, la expulsó de la Universidad.

Con el estallido del Cordobazo en mayo de 1969, la Brigada de Investigaciones de la Plata intentó detenerla nuevamente. Cuando Martha fue a responder los golpes prepotentes en la puerta, Horacio estaba aferrado a sus polleras.

—¡*Policía! Buscamos a Martha Ungaro.*

Tembló cuando su hermana cerró con violencia y huyó por los fondos de la casa. Los hombres de la Brigada querían llevarse, a cambio, a una amiga que estaba de visita.

—*No, déjenla, ésta no es,* —impidió el policía más joven—. *Yo conozco a Martha Ungaro porque estudiamos juntos.*

Horacio no durmió en toda la noche. Tampoco lloró, pero su rabia y su impotencia comenzaban a macerar juntas.

Martha y Nora, siguiendo la tradición paterna, ya eran militantes comunistas. Horacio había aprendido a decir Martha antes que mamá. Tal vez por eso se incorporó a la FJC.

EL JIRON DE LA BANDERA

Horacio decía que para afiliarse a un partido había que leer mucho. Así le explicó al compañero de la Juventud Comunista que quería "ganarlo" para el movimiento. Andaba por la casa con *El hombre mediocre* y *Las fuerzas morales,* leyéndoles a sus hermanos largos párrafos del pensador socialista José Ingenieros.

—*Si me afilio es porque estoy convencido. ¿Leíste esa parte en la que Ingenieros dice que un hombre que tiene una idea sin conocerla se transforma en un fanático? Yo no quiero ser un fanático.*

Cuando en 1971 ingresó al Normal Nº 3, dejó de aturdir a la familia con "los socialistas utópicos", como decía Martha. Se encerraba durante horas en su cuarto para leer a Lenin (hasta poco tiempo antes releía las aventuras de Sandokán), escuchar a Sui Generis y a Mercedes Sosa. Latinoamérica le invadía el espíritu no sólo por las movilizaciones populares de Chile y Uruguay sino también con el canto de Quilapayún y Daniel Viglietti. Su hermano Luis lo había invitado a varios recitales en el Club Atenas y de su padre escuchaba, todavía, las canciones antifascistas de la guerra civil española.

Si la historia era contada "un poco sí y un poco no", como él decía, era mejor descubrirla en los libros prohibidos. A los 15 años se apasionó con Mariano Moreno y su *Plan de Operaciones* para la defensa de la Revolución de Mayo. El escritor Alvaro Yunque, por su parte, le había ayudado a entender cuál era el destino de los niños explotados, de los sirvientitos, de los vagabundos, de los marginados por la justicia. El mundo de los adultos, concluía, había que cambiarlo sí o sí.

En los primeros meses de 1974, quebrando la tradición familiar, se incorporó a la UES. La decisión pareció tomarla aquella tarde en que llegó, cansado, de la olla popular que habían instalado varias villas en Berisso, donde colaboraba con frecuencia. La gente, mayoritariamente peronista, lo quería y lo respetaba. Allí evitaban hacerle bromas pesadas porque sabían que se ponía colorado, y lo escuchaban con atención cuando hablaba del Che. Horacio trabajaba en las villas porque no le parecía suficiente su actividad en el centro de estudiantes. "La gente necesita nuestra ayuda, y nosotros aprender de ellos."

Como la represión oficial crecía y las bandas de la Triple A empezaban su masacre impune, le recomendaron que se cuidara para no terminar como Túpac Amaru. Horacio admiraba al inca rebelde: matizaba la lectura de novelas con las historias de las revueltas populares. También con los textos (casi clandestinos) del revolucionario peronista John William Cooke y el *Diario del Che*. Pero la literatura surgía pálida frente a la realidad. Había aprendido a mezclar el tono afectuoso familiar con sentencias serias. "Hay que defenderse de los fachos", repetía. Si sus padres aceptaron que militara en el peronismo no fue solamente porque compartían sus ideales de lucha por la liberación del país, sino porque no descuidó sus estudios. Entre los 16 y 17 años permaneció en el cuadro de honor del colegio.

A fines de 1974, en la villa de Berisso, había conocido a la "Negra" Mirtha Aguilar. Estaba apasionado por esa estudiante de derecho, entregada al trabajo en las comisiones de defensa de los presos políticos. Nora Ungaro recuerda la tarde de 1975, cuando la mataron.

—*La Negra y un amigo habían ido al velorio de un pibe asesinado por las bandas paramilitares. La madre del chico dijo que quería envolver el cajón con una bandera argentina. Ellos salieron a buscar la bandera. Nunca volvieron. Al otro día aparecieron en el camino a Punta Lara, acribillados. La imagen que tengo es de Horacio tirado en la cama leyendo la crónica del diario. Se le caían las lágrimas, y con un esfuerzo terrible me dijo: "Sabés, debe haber tenido mucho miedo".*

Esa tarde, Horacio escribió en las paredes de su cuarto: "Vive tu vida hermano mío, pero también vive la mía", aunque esa consigna no pertenecía a sus batallas sino a la de los tres hermanos Horacio de la antigua Roma, en guerra contra los Curiacios que esclavizaban su patria. El se sentía como el único sobreviviente de los Horacios de la historia de Tulio Hostilio.

Participó en las luchas por el boleto secundario en la primavera de 1975, con Daniel Racero y Gastón Dilón[5], sus compañeros inseparables. Por esa época, pensaba estudiar medicina como su hermana Martha. "Quiero hacer medicina social", le comentaba a Daniel. Su proyecto universitario no lo distraía, sin embargo, de las luchas que sabía pendientes antes de terminar su bachillerato: afianzar las conquistas estudiantiles y cubrir el vacío de los compañeros caídos. De algún modo, como el Horacio de la leyenda.

En marzo de 1976, cuando conoció a María Clara Ciocchini, andaba más taciturno que nunca.

VICTORIA EMPIEZA CON "V"

EL 13 DE SETIEMBRE DE 1975, Daniel Racero se trepó al mastil del patio del Normal Nº 3 flanqueado por Horacio Ungaro, para anunciar la conquista del BES. Los secundarios de la ciudad se saludaban por las calles formando con sus manos la "V" de la victoria. Por primera vez en la historia de La Plata, tenían un boleto secundario popular. A la cero hora de ese día, el decreto 6809 sancionado por Obras Públicas lo ponía en vigencia con la firma de Victorio Calabró, cuyos hombres del CNU, confundidos entre los perros y las tropas policiales, habían "marcado" y golpeado a los estudiantes en la manifestación del día 5.

El decreto disponía que las nuevas tarifas preferenciales regirían en los partidos de La Plata, Berisso y Ensenada, en turnos diurnos y nocturnos, de lunes a viernes. Se admitía: "Es preocupación de este ministerio, en salvaguarda de los intereses del sector estudiantil secundario, implementar la creación de un boleto especial, que regirá de lunes a viernes".

El día 12, el intendente Juan Brun y el secretario de gobierno interino Ezequiel Zuloaga habían firmado el decreto 4193 sustentado en la ordenanza aprobada en la sesión ordinaria Nº 4 del Concejo Deliberante. La novedad, en el nuevo decreto, era la fijación de un BES con valor único de dos pesos para todo el recorrido. Los artículos segundo y quinto creaban la figura de "tarifas planas", no sólo para el BES sino también para el boleto general. La eliminación de las secciones se había conseguido luego de quince días de deliberaciones entre los bloques del Frejuli y la UCR, coordinados por la titular del Concejo Municipal, Berta Centinari de Heredia.

El día 13, Juan Carlos Schiff informó a la prensa que el Ejecutivo bonaerense había "tenido en cuenta a los trabajadores y a los sectores populares" al sancionar medidas que no consideraban el kilometraje recorrido para la fijación del precio de los boletos, en las líneas de transporte urbanas y suburbanas. El 16 quedó reglamentado el BES, cuando Schiff firmó la disposición 9943 que regulaba su uso: cesaría el último día del año escolar 1975 pero "en los años sucesivos regirá desde el comienzo al fin del período lectivo". El Director de Transportes no supo adivinar el futuro. Berta Centinari de Heredia tampoco: el 22 de octubre firmó la ordenanza 4228 por la que el Concejo Deliberante comunicaba al intendente Brun que el beneficio del boleto estudiantil se ampliaba a los acompañantes de los alumnos de escuelas diferenciales. Aún no se había dispuesto la extensión a los colegios del área privada, mayoritariamente religiosos.

A caballo de la crisis económica, las modificaciones no tardaron en llegar. En los seis primeros meses del año, el déficit fiscal se había incrementado un 149 por ciento y la desocupación alcanzaba el 6 por ciento. En setiembre se produjo una doble devaluación del peso: 3 por ciento el día 16 y 2 por ciento sobre el epílogo del mes.[6] En octubre, un reajuste tarifario elevó el precio del BES. Pero aún no estaba en juego la supervivencia de la conquista estudiantil.

Nueve días antes de la movilización de los secundarios platenses del 5 de setiembre, Jorge Rafael Videla reemplazaba al teniente general Alberto Numa Laplane como comandante en jefe del Ejército. El viernes 4, Roberto Viola era nombrado jefe del Estado Mayor; el sábado 6, Ramón Díaz Bessone asumía como comandante del II Cuerpo y Luciano Banjamín Menéndez del III Cuerpo. Carlos Guillermo Suárez Mason, en esa época, sostenía frecuentes entrevistas con el rector de la Universidad de Bahía Blanca, Alberto Remus Tetu. En el encuentro protocolar con Isabel Martínez, al que también concurrieron el comandante en jefe de la Armada, Emilio Eduardo Massera, y el comandante general de la Aeronáutica, Héctor Luis Fautario, Videla se declaró "un profesional integrado". [7]

La trilogía para el futuro se completó en diciembre, cuando el brigadier Orlando Ramón Agosti despidió a su antecesor. El mayor mérito de Fautario había sido guardar silencio ante las pugnas internas del peronismo y ante los planes de Osinde y López Rega para la masacre de Ezeiza. "Miró hacia arriba", cuando le correspondía la custodia del aeropuerto en la mañana del 20 de junio de 1973. [8] En diciembre del '75, los hombres del golpe militar ya estaban en sus puestos.

La movilización de los secundarios había cedido en los últimos meses del año. Tomaron sus vacaciones con el BES en el bolsillo. Francisco López Muntaner viajó con su familia a Pinamar, en carpa y con su equipo completo de pesca. María Claudia Falcone a San Clemente del Tuyú, y después a Mar del Plata con sus padres. Horacio Ungaro permaneció en la ciudad y Daniel Racero partió con su familia hacia Punta Alta. María Clara Ciocchini se instaló en La Plata. Bahía Blanca, de donde venía, se había transformado en un laberinto poblado de bandas paramilitares. Por la difícil situación económica de sus padres, Claudio de Acha trabajó durante el verano, primero en una fábrica de fideos y después en una imprenta. En su casa repetía que nunca sería un hombre práctico porque no sabía siquiera conectar una garrafa de gas.

Los primeros días de enero, Pablo Díaz partió para Bariloche con un amigo. Viajaron a dedo hasta el barrio de oficiales del Ejército, en San Carlos, donde vivía uno de sus primos. Una noche, éste le preguntó si había "mucho lío en La Plata".

—*En La Plata no pasa nada* —contestó Pablo.

Su amigo se reía detrás de un mate.

Veinte días después siguieron viaje hacia el lago Mascardi y se encontraron con una delegación del Colegio Nacional. Antes de continuar con el periplo, hablaron con ellos sobre la situación política. Recordaron las anécdotas de la lucha por el BES y pensaron en la importancia de continuar unidos para que se reabrieran los centros y volviera a funcionar la Coordinadora.

Mientras vagaban bajo el cielo despejado de los bosques del sur, evaluaron que el golpe era una amenaza cierta.

—*Me parece que Isabel no pasa de mayo* —comentó un compañero del Nacional. Era un optimista.

El invierno más perverso

"Yo era el rey de este lugar,
hasta que un día llegaron ellos.
Gente brutal, sin corazón,
que destruyó el mundo nuestro."

Charly García-Sui Generis

RUIDO DE BOTAS

EL 24 DE MARZO DE 1976, mientras el helicóptero que llevaba a la destituida Isabel Martínez despegaba de la Casa Rosada, a lo largo del país se producía la ocupación militar de los edificios gubernamentales, organismos públicos y emisoras. La perfecta coordinación de las fuerzas del Ejército, la Marina y la Fuerza Aérea desnudaban una programación minuciosa de meses, tal vez de más de un año.

Dentro del plan, la provincia de Buenos Aires figuraba como el objetivo principal de la "guerra contra la subversión apátrida". Si bien las directivas de la cúpula para dominar ese territorio decisivo eran similares a las que se aplicarían en otras zonas, profundizaban una característica: la permisividad de los métodos a utilizar sólo quedaba limitada por "el criterio del Comandante del área". Apenas restaba colocar en los puestos claves a hombres que subordinaran sus escrúpulos a las órdenes.

A las 2.30 de la madrugada, una compañía del Regimiento 7º, pertrechada para campaña, rodeó las manzanas de las calles 5 y 6 entre 51 y 53, en La Plata. La ciudad presentaba un aspecto inusual, con un reducido tránsito de vehículos y peatones. El silencio acentuaba la sensación de que se vivían circunstancias excepcionales.

Flanqueado por un pelotón, el coronel Roberto Leopoldo Roualdes subió las amplias escalinatas del edificio del Ejecutivo provincial. Al llegar al descanso, donde la escalera se bifurca en dos alas, eligió sin titubear la derecha para acceder al primer piso hasta el despacho del gobernador. No necesitó golpear la puerta que estaba abierta. Lo esperaban.

El gobernador Victorio Calabró no sólo sospechaba —como sus colegas de las demás provincias— la inminencia del golpe militar. Contando con una información precisa (de la que carecía la misma Presidente), originada en su estrecha relación con los uniformes y su identificación con la ideología de los sublevados, Calabró había regresado al palacio de gobierno cerca de la medianoche, a la espera de su sucesor.

A las 3, el jeep cinematográfico de los conquistadores modernos ingresó por la explanada trasera. Con gesto adusto, el general Adolfo Sigwald se encaminó hacia el ascensor privado.

La ceremonia de trasmisión del mando fue breve: media hora. Victorio Calabró se convirtió en el único gobernador constitucional que legalizó la sedición con la entrega formal del poder. Aunque la prensa no fue admitida, se filtraron algunos párrafos del sumario discurso de Sigwald: "Después de una dramática espera, las Fuerzas Armadas han resuelto interrumpir el orden institucional porque aspiran a jerarquizar el país que soñaron nuestros mayores".

Inmediatamente, el interventor militar y el gobernador depuesto-renunciante se reunieron a solas. La conversación se centró en la lucha frontal contra la izquierda, peronista y marxista, los activistas en la universidad y los colegios, y en la colaboración de la CNU en las tareas de represión. Calabró y Sigwald se sucedían armoniosamente.

El coronel Roberto Roualdes entró al despacho del ministro de Gobierno de la provincia y se sentó al amplio escritorio: sería su dominio durante catorce días. Su ordenanza se apresuró a encender el velador de trabajo que pintó nuevos tonos en la sobria *boisserie* de las paredes. Roualdes caminó hasta la ventana con vista a la calle 53 y observó: sólo sus soldados en vigilia. Había refrescado mucho y sintió frío. Se preguntó si la calefacción funcionaría bien en el edificio.

El otoño sería áspero con la ciudad, y el invierno, especialmente cruel.

MARIA CLARA

TENÍA DIECISIETE AÑOS cuando bajó en la estación de La Plata acompañada de su guitarra, un bolso con lo necesario (no pensaba mudarse definitivamente), y sus tres hermanas: Ana, Claudia y María Eugenia. Durante el viaje no cruzó más de tres frases con su madre, Elda Suárez, quien la había obligado a salir de Bahía Blanca casi a los empujones. También su padre, Héctor Ciocchini ("Choquini", como María Clara corregiría después a sus carceleros) le había dado un ultimátum. Si para ella no había sido fácil abandonar el territorio de su primera conciencia, para la familia tampoco. A la inversa, recorrían el camino hecho diecinueve años antes.

ALLA EN EL SUR

Los Ciocchini emigraron de La Plata hacia Bahía Blanca luego de la fundación de la Universidad del Sur, en 1956. No habían querido ejercer el profesorado en Letras durante los años del gobierno peronista. Allí se instalaron en el barrio

María Clara Ciocchini, 17 años (1975)

universitario, rodeados de un enorme potrero, y Héctor comenzó su carrera como profesor.

María Clara nació en un otoño tenue, el 21 de abril, y hasta que fue al jardín de infantes tuvo dos grandes diversiones: revolcarse en el barro del potrero y golpear las puertas de los vecinos para "reclamar" galletitas y caramelos. Era vital y poco reflexiva, según la madre, "una rubia divina, la más expansiva de mis hijas".

La casa, pensada para estudiantes, era incómoda para una familia numerosa. María Clara tenía diez años cuando se mudaron al centro, y en los pasillos del nuevo departamento sustituyó el barro por las baldosas, para hacer gimnasia. Después estudió guitarra y danza moderna, pero del baile se aburrió.

Cuando ingresó al Normal, ya le gustaba cantar con su guitarra frente al espejo, incursionar en Espeleología porque le interesaban las cavernas y los dinosaurios, confirmar que no estaba tan gorda para coquetear en los bailes, y romperles las reuniones políticas a sus hermanas porque "no debía", y quería, enterarse de lo que allí se hablaba. Estaba saliendo de la infancia cuando la juventud universitaria de Bahía Blanca comenzaba a participar en las manifestaciones antidictatoriales de ese año.

Se alistó como girl-scout en La Pequeña Obra de Bahía Blanca, con un grupo de monjas tercermundistas que recogían el mensaje del Concilio Vaticano II y organizaban actividades de apoyo educacional y sanitario en las villas y los barrios pobres. Con ellas fue de campamento a Córdoba, bajo el estandarte de las "Guías de Santa Juana de Arco" en su primera experiencia "mundana". Con estas compañeras de aventuras tenía en común la admiración por el Che y el "cura guerrillero" colombiano Camilo Torres, la pasión por el folclore, el rock nacional y la poesía latinoamericana, especialmente la de Pablo Neruda y Juan Gelman. Y la vocación por los pobres, aunque no quería ser monja sino médica.

Entró en la UES, como muchos de sus compañeros, a partir de su formación cristiana. Corría el año 1973 y su decisión no contó con la bendición del padre. "Pero, papi, no hay ninguna diferencia entre lo que hago como cristiana sincera para ayudar a la gente y lo que se hace como peronista", le explicaba sin convencerlo. La veían levantarse de madrugada para pintar consignas terminantes: "Perón o muerte. ¡Viva la Patria!" o "Libres o muertos, jamás esclavos", y llegar muy tarde en la noche después de las reuniones en el barrio marginal Sánchez Elía, donde habían "adoptado" a una madre soltera y a su hija. Le pintaban la casa, cocinaban, le enseñaban a leer y a escribir, y después del trabajo María Clara cantaba, como cantaría siempre luego de las reuniones de los secundarios, de las asambleas estudiantiles en el Parque de Mayo. Y en el Pozo de Banfield.

En 1974, cuando asumió la responsabilidad del equipo de la UES en el Normal, la "Misión Ivanissevich" ya había entrado del brazo de Remus Tetu. Después del 1º de Mayo, cuando Perón endureció su discurso contra la juventud peronista, particularmente contra Montoneros, se la escuchaba decir: "Qué desastre, mirá lo que nos hizo el viejo", con una mezcla de decepción e incredulidad. Esos jóvenes empezarían a ser las víctimas de la derecha peronista, las pequeñas y fáciles víctimas de las bandas de la Triple A.

Pero ella siguió en la militancia secundaria, "testaruda" según su padre, aunque sus hermanas ya comenzaban a tomar distancia, preocupadas por una violencia que acumulaba muertos entre los opositores al régimen. Se sucedían los terribles asesinatos políticos pero el argumento de María Clara ante sus padres era: "También los pobres siguen existiendo."

EMIGRAR O MORIR

A mediados de noviembre de 1975, mientras su padre estaba en Buenos Aires, su madre revisó la situación.

—*Le dije que así no podíamos seguir. El ambiente de Bahía Blanca era terrible porque es una ciudad muy conservadora donde estaba muy mal vista la política que hacían los chicos. Había empezado a actuar la Triple A y los custodios de Remus Tetu eran verdaderos fascinerosos. En noviembre se llevaron a un chico amigo de ella, estudiante de Ingeniería, que apareció colgado de un puente con más de cien balazos, como una estatua de lo que podía pasarle a cualquiera. María Eugenia me dijo: "Mamá, yo no me quedo un día más en casa"; pero había que convencerla a María Clara. Una de esas noches fuimos a dormir todos fuera de casa. Yo estuve en lo de una vecina, pero a la mañana siguiente vino el portero y me preguntó dónde me había metido porque en la madrugada habían venido a buscar a María Clara. Describió a los hombres de esa patota como monstruos, parecidos a los que habían secuestrado al estudiante de Ingeniería. Me pregunté: ¿en qué anda esta criatura para que fascinerosos como ésos se la quieran llevar, si es la menor, la más chiquita…? No puede ser, me dije, si ni siquiera terminó el secundario, no puede ser que haga nada malo. Entonces traté de explicarle que yo sólo quería que defendiera su vida, no que traicionara, que cuidara su vida para seguir luchando. ¿Pude convencerla…?*

María Clara tardó en ceder. Estaba de mal humor porque le parecía que desertaba de la lucha, que traicionaba sus compromisos. El último 22 de agosto, en la manifestación recordatoria de los sucesos de Trelew, habían detenido a dos de los mejores chicos de la UES. Ella era la encargada de mantener el contacto con la cárcel, de no abandonarlos y enviarles la correspondencia en papel muy delgado o en servilletas dentro de los paquetes de cigarrillos. Sufría porque tenía que separar-

71

se de Cecilia "Lauchita" Larrañaga, su compañera del alma, con la que había compartido la escuela, la política y el secreto de su amor imposible: en esos meses se había enamorado del profesor de matemáticas. "Ciegamente", como le decía "Lauchita", porque se quitaba los anteojos para coquetearle pero no veía "ni una vaca a dos centímetros". No se enojaba; desde los bailes de primer año de la secundaria le decían "la cieguita" y con ese apodo había transitado la militancia.

A fines de noviembre la situación familiar empeoró. Ya no había lugares donde dormir ni esconderse; las puertas se entornaban por el miedo. Su madre le exigió una decisión.

—*O te vas con nosotros o no sabemos lo que nos puede pasar.*

—*Primero lo tengo que consultar* —le contestó.

—*¿Con quién?*

Le molestó ser la segunda en un asunto tan grave.

—*Con mis compañeros.*

María Clara se despidió de "Lauchita" con bronca y amargura porque sentía que había perdido la batalla. Le pidió que "tomara su posta" y que "nunca aflojara". En el cinturón que aún conserva una de sus compañeras de quinto año, escribió: "Aunque no hayamos concluido nuestra misión dentro del colegio, sabemos que en la nueva etapa hay mucho que hacer y mejorar".

La familia viajó a La Plata a mediados de diciembre de 1975 para instalarse en la casa de sus abuelos maternos. En enero de 1976, el departamento de Bahía Blanca fue allanado. Los Ciocchini decidieron olvidarse del sur por un tiempo.

María Clara deambuló por la casa de la calle 63, triste. Hasta que en marzo conoció a sus nuevos compañeros de la UES.

TIEMPO DE ORDEN

EL DENOMINADO "PROCESO" fue cubriendo los cargos gubernamentales con la celeridad que requería su intención de "restablecer el orden".

El nuevo intendente de La Plata, capitán de navío Oscar Macellari, se hizo cargo del gobierno municipal el 28 de marzo. Esa mañana, el diario local *El Día* lo había saludado desde la columna "El país" firmada por José del Río: "Tiempo de gobernar", anunciaba el entusiasmado apologista del flamante régimen.

El día 29 de marzo asumió Jorge Rafael Videla como presidente de la Nación. La adusta ceremonia coincidía con la reiniciación de las clases en todas las escuelas secundarias del país. También en la Universidad Nacional de La Plata, donde ejercería el rectorado el capitán de navío Eduardo Luis Saccone.

Como ministro de Educación fue designado el profesor Ricardo Pedro Bruera. Junto con el empresario y ministro de Economía Alfredo Martínez de Hoz, los únicos civiles en el gabinete. Ya durante los gobiernos de facto de Levingston y Lanusse, Bruera había desempeñado idéntica función en la provincia de Santa Fe. La línea de su gestión era predecible: se centralizaría en los estudiantes secundarios. Según su diagnóstico: "La crisis se manifiesta en toda su crudeza en los problemas que surgen al nivel de la enseñanza media". Pero llegaba con soluciones: "Las respuestas residen en una concepción política global sobre el destino nacional".

El diario platense *El Día* acumulaba su apoyo. El 4 de abril, José del Río reiteraba: "Se inicia la marcha". Al mismo tiempo, el director del periódico exponía en la reunión de la SIP, en Aruba, sobre "la grave situación soportada por la prensa" durante el gobierno de Isabel y las perspectivas favorables que se abrían con el gobierno militar. El optimismo del liberal Raúl Kraiselburd se sustentaba en la censura más rigurosa impuesta al periodismo argentino en décadas.

El 8 de abril, Adolfo Sigwald entregaba la gobernación de Buenos Aires a su camarada Ibérico Saint Jean. Acompañando al nuevo general asumió la mayor parte de su gobierno. Jaime L. Smart, en Gobierno, reemplazó al coronel Roualdes.

El Ministerio de Educación se mantenía vacante: el doctor Joseba Kelmendi de Ustarán, nuevo titular de Bienestar Social, desempeñaría el cargo como interino en lugar del coronel Risso Patrón, que estaba al frente desde el 24 de marzo, cuando ocupó militarmente el edificio del ministerio. Pero el nombramiento definitivo no se hizo esperar. El 12 de abril fue anunciado que el general Ovidio Solari se haría cargo de la cartera. En el gabinete de Saint Jean, cuyos miembros eran casi todos civiles, la presencia de un militar en Educación confirmaba la importancia asignada al área en el operativo de represión.

Desde la primera plana que *El Día* asignaba a la noticia del nombramiento de Solari, el ministro Martínez de Hoz declamaba su confianza en la libertad de comercio: "Los empresarios tendrán la responsabilidad de los precios". En la misma página, algo más abajo, recibía una respuesta inmediata: "Aumentan los medicamentos un 20%".

Aunque no todas eran malas noticias: trescientas mil personas habían concurrido a la Feria del Libro. Una exposición del libro donde cientos de libros tenían prohibido el acceso.

Mientras juraba Solari el 13 de abril, su par nacional estaba grabando un mensaje que la red de radiodifusión emitiría por la noche. "Se restaurará el orden en la educación", aseguró el ministro Ricardo Bruera. Incluso anunció las medidas que se dispondrían para alcanzar ese objetivo: "Si por desviaciones eventuales llegase a ser necesario —en resguardo del bien común— serán separados los alumnos, los docentes e, incluso, los establecimientos".

El capitán de navío Eduardo Saccone, rector de la Universidad de La Plata, coincidía con los conceptos de su superior. En cuanto al general Solari, hubiera firmado cada línea pronunciada por su colega.

Los estudiantes secundarios de La Plata que concurrían al Colegio Nacional Rafael Hernández, al Bachillerato de Bellas Artes Prof. Francisco Américo de Santo (ambos dependientes de la Universidad Nacional de La Plata), a la Escuela de Enseñanza Media N° 2 España (de la Provincia), y a la Escuela Nacional Normal N° 3 Almafuerte (de la Nación), podían considerarse afortunados: quienes los regían desde los más altos cargos buscaban "el bien común".

Aunque algunos chicos que concurrían a esos colegios estaban lejos de sospechar que pocos meses más tarde, por esas "desviaciones eventuales", serían drásticamente "separados".

MARIA CLAUDIA

PARA JORGE ADEMAR FALCONE aún no habían cicatrizado las penas de la Revolución Libertadora de 1955 cuando en la noche del 16 de agosto de 1960 nació María Claudia. Jorge (h), de siete años, esperaba impaciente la llegada de su hermana a la casa de la calle 8.

Primer subsecretario de Salud Pública e intendente de La Plata entre 1949 y 1950, y senador provincial hasta la muerte de Eva Perón, Falcone había sido detenido y condenado a muerte por su participación en el alzamiento del general peronista Juan José Valle el 9 de junio de 1956. Indultado tres meses después por una orden "sorpresiva", Falcone debió atemperar su pasión por la política aunque la derivó al ejercicio de la medicina y a la escultura. Nelva Méndez, su mujer, era maestra de la escuela Nº 55 en las afueras de la ciudad y lo acompañó en los días opacos del exilio interior. El les transmitió a sus hijos el amor por la plástica y Nelva la preocupación por los otros: les contaba la dificultad de enseñar a escribir a quienes no tenían qué comer.

La resistencia peronista había dejado atrás la experiencia frustrada de guerrilla rural de "Uturuncos" y entraba en la eta-

María Claudia Falcone, 16 años (1976)

pa del programa cegetista de Huerta Grande de 1962, cuando María Claudia jugaba con un amiguito extraterrestre que le prometía protegerla contra todos los males. Su hermano Jorge, a escondidas, se disfrazaba con un piloto de capa y una careta de gitana de los carnavales platenses, y detrás de un vidrio asumía el personaje de "Zota". Cuando aparecía, ella le explicaba cómo era su vida en la Tierra. "Nosotros somos cuatro y mi mamá es maestra y mi papá doctor, comemos churrascos con ensalada y papas fritas y bizcochitos. ¿Por qué tardás tanto en venir de nuevo?"

Por largo tiempo, María Claudia no supo que su hermano era el marciano bueno, y aturdió a la familia con sus encuentros cercanos del tercer tipo. Sus padres jamás apagaron su fantasía. Pero en el marco de la realidad, la inscribieron en el jardín de infantes del Normal Nº 2. Jorge protestó, porque se estaban divirtiendo con sus códigos. Desde las primeras aventuras habían aprendido a decir "Picoque", cruzando los dedos y cerrando los ojos con fuerza, cuando estaban en peligro.

María Claudia creció entre la magia y la política. Y cuando la premiaron como la "mejor compañera" tenía once años, leía *Cuentos para Verónica*, miraba de reojo al vecinito que rondaba en bicicleta por la cuadra y pensaba en la nacionalización del nombre de la perra.

¿IGUAL QUE EVITA?

Jorge ya tenía novia y había terminado el bachillerato de Bellas Artes el día que convinieron que, después de Trelew y "en plena lucha contra la dictadura y la oligarquía", la perra no podía llamarse *Darling*. Era una vergüenza para los Falcone.

El rito de nacionalización fue violento. *Darling* se resistía a que se le cambiara la identidad atrincherada en su cucha de madera. Claudia intentaba alejarla tirando de una cuerda atada a su pata mientras Jorge preparaba la pintura de bautismo. En el forcejeo ganaron los cruzados antiimperialistas y la perra terminó acurrucada debajo de una silla, aullando, mientras en su cucha los hermanos consumaban la purificación: "Viva la Madre María", "Boca corazón", "Carlitos cada día canta mejor", "Viva Perón y Ceferino Namuncurá", pintaron inspirados.

—*Y a ella, ¿cómo le ponemos?* —preguntó Jorge.

—*Se me ocurre que Coqui o Coquita* —dijo Claudia.

—*Coquita es mejor, ¿no?*

—*Sí, con lo que le gustan los coquitos del pan le va a quedar rebién.*

Antes que la perra se acostumbrara a su nuevo nombre, en 1973, Claudia ingresó al Bellas Artes. Fue elegida delegada de su curso en primer año, mientras leía *El son entero* del poeta cubano Nicolás Guillén, aprendía de memoria los versos de Mario Benedetti, *Letras de emergencia* "para un país en emergencia", como decía, y garabateaba el rimo del *songorocosongo* las siglas de la UES.

Si su hermano estudiaba arte, su padre era escultor, su madre maestra y su abuelo Delfor poeta, ella sería peronista y artista. Frente al espejo intentaba descubrirse parecida a Evita. Tenían en común, pensaba, el pelo lacio, rubio ceniza oscuro. También el fastidio visceral por la injusticia y la pobreza. Sus ojos celestes, transparentes, comenzaban a trascender su cuarto cálido. "No puede ser que la gente se muera de hambre y encima no tenga donde curarse gratis y bien."

Transformó su casa en un albergue contra el hambre. Su madre se acostumbró a que los mediodías llegara acompañada.

—*A esta casa siempre venía algún chico a tomar la leche o a cenar. Como tenían doble escolaridad, Claudia traía a los compañeros que vivían lejos. Aparecía en la puerta con una sonrisa pícara y me decía: mamá, te presento a fulanita que vive en City Bell o en Los Hornos, ¿puede quedarse a comer?*

Si el pan no era suficiente, compartía la ropa.

—*Un día la veo a Fabiana, una de sus amigas íntimas, con una blusa igual a la que yo le había comprado hacía poco. A la noche le pregunto si Fabiana tenía una igual o era la suya. Por supuesto, era la suya. Así con todo. Prestaba pulóveres, sacos, de repente aparecía con un poncho porque el tapado se lo había dado a alguien que no tenía abrigo.*

A los trece, Claudia se enamoró de Roberto. Se sentaban en el pasillo de la casa construida en 1940, amparados por la penumbra fresca de los corredores con techos altos. Roberto le hablaba por teléfono todos los días y la esperaba en la puerta para acompañarla al colegio. En la primavera, la besó en el zaguán. Jorge lo echó, dijo que era un muchacho gritón e infantil, poco para su hermana. Pensó que tenía derechos por haberla iniciado en la política, en la magia del poeta alemán Bertold Brecht, en la rabia progresiva de *La ciudad y los perros* del escritor peruano Mario Vargas Llosa, en la rayuela latinoamericana de *Mi planta de naranja lima* del escritor brasileño Vasconcelos. Y originó una correspondencia clandestina, una tristeza oteliana arrinconada en el imaginario prohibido. Claudia aceptó romper con Roberto, pero dejó constancia en sus cuadernos de su amor contrariado. Escribió en inglés su mensaje de despedida: "Yo ciertamente te amo, Roberto. Mucha suerte para nosotros. Por favor. Clau". Después se vengó disfrazándose con una peluca negra, como Morticia, tal vez porque veía a su familia como "Los locos Adams", popular serie de tevé en esos años.

Por el '73 colaboró con la UES en las tareas de sanidad y de apoyo escolar en las villas y barrios pobres. En el ambiente creado por la consigna de "Reconstrucción Nacional" descubría su parecido con la "capitana" de los jércitos patrios de la lucha por la independencia Juana Azurduy. "Quiero la liberación nacional, la justicia social, la segunda y definitiva independencia", resumía en las extensas charlas con su hermano sobre la situación del país. Jorge percibía que estaba frente a "una mujercita que se las traía", con un sentido precoz del deber, desprotegida por una cuota de ingenuidad. Era la que mejor manejaba la ironía y los crayones en las paredes del Bellas Artes para pintar contra López Rega, la "Misión Ivanissevich" y los preceptores-delatores de la CNU.

"Zota" no se rinde

En las sobremesas familiares se hablaba de la derechización del gobierno de Isabel Martínez. Su padre se alistó en el Peronismo Auténtico que lideraban Oscar Bidegaín y Ricardo Obregón Cano, y Jorge continuó en la JUP. Claudia escuchaba atentamente las discusiones y aunque aún sin mucha claridad percibía que el barco tambaleaba, se mantenía orgullosa de su militancia secundaria, de integrar el equipo de la UES del colegio. Continuó representando a su curso como delegada estudiantil.

Se desesperaba por la persecución a algunos compañeros y la expulsión de los profesores más progresistas del colegio. Entonces, los fines de semana, se encerraba a diseñar volantes o carteles, mientras oía, una y otra vez, la banda sonora de *El camino hacia la muerte del viejo Reales*. "Me emociona la epopeya de la gente del interior pero me da bronca la resignación", le comentaba a Jorge mientras pasaba el disco.

Iba al Teatro Argentino a ver buen ballet o a las peñas con guitarreada hasta la madrugada. Muy pocas veces se pintaba los párpados; algunas para coquetearle al viento y otras, a los chicos del Nacional.

En la primavera de 1975, mientras participaba de la campaña por el boleto secundario, retomó con Jorge la idea de ilustrar los sobresaltos de la época, con el cristal de la ironía que era la característica familiar. Al loro abogado y al caballo "Paisano" les sucedió: "Subdesarrollo Comics presenta: La revolución fallida de dos mulatos Mulé". Eran unas historietas sobre las desventuras de dos negritos que vivían solos en la Isla Mulé bajo la tiranía de "Anastasio Garaztazú Rojas" (los hermanos asociaban Nicaragua, Brasil y la Plaza de Mayo bombardeada en el '55), y luchaban con métodos desesperados, desde el suicidio "en masa" hasta el sabotaje, siempre fallidos.

Para Jorge, ese *comic* también representaba el carácter fallido de la revolución por la que se venía luchando desde el Cordobazo. Se había tornado cuidadoso después de los secuestros de sus mejores compañeros por la Triple A y sentía, por primera vez, la necesidad de recomendar a Claudia que fuera despacio, que pasara los escalones de a uno para no caerse. Tenía miedo de que sus advertencias los distanciaran, pero no fue así, al menos en ese verano de 1976. Más adelante volverían sobre el tema con otros tonos y menos coincidencias. Desde Mar del Plata, Claudia le escribió con el amor "compinche" de siempre:

¿Comantalevú? Está de más decirte que el viaje fue excesivamente calcinante con las clásicas ilusiones ópticas que te hacen ver la ruta mojada. Mar del Plata está decadente, misiadura, frío y más misiadura. No hemos podido meter un mísero callo en el "proceloso". Extraño tremendamente la ciudad de las diagonales. ¡Qué suerte pa' la desgracia! La primera anécdota reconfortante fue protagonizada por mami, por supuesto. Hete aquí que yo me hallaba disfrutando de un baño calentito digamos, mami irrumpió desesperadamente y al apoyar sus voluminosas sentaderas en el bidet para higienizarse, emergió un chorro de agua hirviendo que hizo que ésta se quemara tremendamente el culo y saliera gritando:

"¡Me quemé el culo como un pollo! ¡Como un pollo!". En

fin, son cosas que pasan. Hablando de nuestro pelado proge-
nitor: no hace más que tomar mate amargo con el hotelero,
dormir la siesta y hacer extensos monólogos sobre el fenóme-
no de Mar del Plata. ¿Cómo van las cosas por nuestra casi-
ta? ¿Algún electrocutado acaso? Tengo un montón de cosas
que charlar y contarles. Pronto verán mi rostro con "Sapo-
lán" en vuestra puerta, con una sonrisa de oreja a oreja y
una docena de Havanna. Supongo que mami te va a mandar
algunas líneas más. No te escribo más porque si no la carta
no llega. Un beso de esos que llegan a doler para vos y un
beso tipo ventosa para Clau. Salutti a tutti.

A fines de marzo, Claudia conoció a María Clara Ciocchini. Juntas percibían el círculo de terror que comenzaba a ceñir
la ciudad amenazando a sus familias y a sus compañeros. En
la primera semana de abril desaparecieron varios chicos del
Bellas Artes. Claudia estaba preocupada: el recurso del "Picoque" de su infancia no servía para conjurar estos peligros. Se
mudó a la casa de su tía abuela paterna "Tata" en la jerga
familiar, y a partir de ese momento su nueva casa cambió de
cara invadida por los chicos de la UES.

El doctor Falcone sabía que las cosas estaban "más bravas
que nunca". Tenía memoria. Esta vez los golpistas no se deten-
drían hasta exterminar al último opositor. Una tarde decidió
invitar a Claudia a dar un paseo en auto. ¿Cómo le pediría después de tantos años de educarla en la lucha, en la lealtad, en la
necesidad de justicia social, que diera un paso al costado?

Claudia sabía cuál era el tema; para ambos sería difícil.

—*Nena, las cosas están bastante mal, ya te lo dijo Jorge.*
¿No te das cuenta? Yo no te pido que dejés de colaborar con
tus compañeros pero tenés que ser más prudente. No se pue-
den regalar así, por Dios.

—*No me digas eso, papi. Yo me cuido, pero ¿qué querés*
que haga? ¿Querés que me borre justo ahora que la cosa está
dura? Así es fácil hablar de justicia...

—*Hija, no te estoy pidiendo que te borrés ni que traicio-nés. Tu mami y yo sólo queremos que te cuides, que no te pase nada.*

—*Papá, por favor, pará el coche que me bajo.*

—*¿Adónde vas?*

—*Pará, papá, tengo ganas de caminar sola. Dale, dejá-me.*

Obedeció, amargado. No la había convencido aunque conservaba alguna esperanza de que reflexionara. Vio cómo se perdía con pasos rápidos por la calle 5.

Esa noche, cuando llegó a su casa, la encontró pensativa, recostada sobre su cama. Se había quedado a cenar antes de regresar a lo de "Tata".

—*¿Pensaste en lo que hablamos hoy?* —le preguntó con miedo.

Claudia lo abrazó, evadiéndose.

—*No, en serio, nena, ¿qué pensaste?*

—*Que "Zota" no se rinde, papá.*

PROHIBIDO PERMITIR

EL GENERAL DE BRIGADA (R) Ovidio Jesús Antonio Solari había tenido una carrera militar extensa y diversificada. Egresado del arma de infantería, el Ejército lo envió a Estados Unidos donde estudió administración de empresas. Se había graduado, también, en ingeniería química. Director de Producción de Fabricaciones Militares, y director de la Escuela Superior Técnica del Ejército, durante la dictadura de Onganía había ejercido como presidente del Consejo Nacional de Educación Técnica. Solari aceptó su designación como ministro de Educación de la provincia de Buenos Aires considerándolo un verdadero destino militar en tiempos de guerra. Había enemigos, diversas clases de armas, un campo de batalla y un objetivo. El general asumió su cargo el 13 de abril de 1976 con una precisa decisión sobre cómo imponer su autoridad.

El coche del ministro llegó al estacionamiento del edificio de la calle 13 entre 56 y 57 a gran velocidad, precedido por otro de custodia que le abría paso imperativamente. Solari, alto y atlético, descendió ágilmente del vehículo.

Recorrió minuciosamente su despacho. El cuadro de San Martín detrás del escritorio, y el de Sarmiento — de cuerpo entero— sobre una pared lateral. Observó sólo un instante por el ventanal a la calle 56 y luego alzó la vista hasta el celeste-pastel del techo. Se apoltronó en el cómodo sillón y examinó el cuarto hasta reparar en la mesita de los teléfonos al alcance de su mano. Extrajo despaciosamente, entonces, su pistola de la sobaquera y la colocó junto al intercomunicador; ése sería su lugar, cualquiera fuese el visitante que recibiera.

Al día siguiente, Solari ordenó retirar los picaportes del lado exterior de su despacho. Quien quisiera ingresar debería anunciarse golpeando la puerta según la contraseña diaria. Para mayor precaución, el ministro lo recibiría con el arma en la mano.

El general estaba convencido de que la desidia y la pereza eran las características principales del personal del ministerio. Una de sus primeras medidas fue prohibir el tránsito por los pasillos del edificio sin autorización expresa de los jefes de oficina, incluso para ir a los baños. La directiva Nº 001 del 14 de abril adquirió mayor dureza con la Nº 010: "Se ha observa-do personal conversando en los pasillos y otras dependencias de esta Secretaría de Estado: en lo sucesivo no será tolerado. Prohíbense en las oficinas las reuniones y conversaciones que no se relacionen con trabajo".

Aunque su secretaria Perla Peluffo sabía acompañar a Solari, quienes mejor lo secundaban eran Edith de Dunrauff, a quien nombró subsecretaria de Educación, y el director de Personal Enrique Rodríguez, llamado por algunos "el monje negro".

Las directivas que el general Ovidio Solari fue emitiendo —como verdaderos bandos de guerra— podrían conformar la "Antología de la represión en la educación". Esos documentos son más reveladores sobre la política instrumentada en aquel período que todo un extremo análisis.

La Nº 008 (5.8.76) nació de la impaciencia del militar: "Habiéndose observado una marcada demora en la tramitación de los expedientes, llegándose en algunos casos a abusos que en lo sucesivo no serán tolerados por el suscripto, (...) se establece que toda aquella tramitación o informe recabado por el suscripto deberá ser evacuado en el término de cuarenta y ocho (48) horas".

Por la Nº 012 del 5 de octubre de 1976 se limitaba "el acceso a los establecimientos escolares de publicaciones y material formativo e informativo". Podrían ingresar exclusivamente aquéllos que fomentaran "el amor a Dios, el concepto de Patria, y el respeto a la familia y a la autoridad". Los docentes que no se ajustaran a esta disposición se considerarían "comprendidos en la comisión de falta grave".

Ante algunas quejas de sus camaradas, Solari ratificó en la circular Nº 025 el privilegio de los hijos de los militares: "Visto los numerosos casos planteados por miembros de las Fuerzas Armadas en los que se denuncian inconvenientes en la inscripción de sus hijos en establecimientos escolares dependientes de este ministerio, se establece: (...) La concesión de vacantes en los pases extendidos a los alumnos comprendidos en la presente (hijos de personal de las Fuerzas Armadas y de Seguridad) será prioritaria en todos los casos".

La circular que se llevó las palmas fue sin discusión la Nº 011 del 23 de agosto de 1976. Fundamentada en la necesidad de controlar el acceso a los establecimientos educativos, puntualizaba con delirante precisión militar la nómina de autorizados. Según el ministro, los maestros y profesores podían ingresar (art. 3-A); también los alumnos (art. 3-C).

La Escuela de Enseñanza Media Nº 2 España —conocida como "La Legión"—, debía regirse por estas disposiciones del general Solari, por su condición de instituto provincial. A esa escuela asistía, en 1976, Pablo Díaz.

PABLO

Hedda Caracoche y Benito Díaz tuvieron siete hijos: Graciela, Estela, Amalia, Cristina, Daniel, Pablo y Marisa. Cuando Pablo nació, el 26 de junio de 1958 en el Instituto Médico Platense, estaban terminando de construir la casa de la calle 10. Hedda era maestra de escuela y Benito profesor de Historia y Geografía en el Nacional Rafael Hernández. La abuela "Cota" (Clotilde de Caracoche) vivía en una casa antigua de fondo amplio e higueras frondosas. Siempre decía que Pablo era un bebé "gordito y feo pero simpático".

Magia si, polenta no

La mayor de las hermanas se encargó de cuidar a los tres menores, y se turnaba con Estela y Cristina para llevar a Pablo al colegio Nº 33. Pero a Pablo no le gustaba separarse de ellas y armaba escándalos descomunales. O se quedaban con él o no paraba de llorar. Perdió primer grado. En 1965 lograron convencerlo de que se quedara solo en clase y lo anotaron en el colegio Nº 78. Tampoco le gustaba la polenta: robaba los

91

Pablo Díaz, 18 años (1976)

paquetes y los escondía en su ropero. A la escuela le tomó cariño tres años después. A la polenta la odió toda su vida.

Durante los últimos años de la primaria, Pablo fue escolta de la bandera. Probablemente, su cambio tuvo a "Cota" como artífice, porque la abuela se dedicaba a él como nadie en la familia. Por esa época, Pablo se había instalado en la casa de las higueras y de las plantas de jazmines. Le dio una súbita pasión por el ahorro: "Compráme muchas estampillas para la libreta de ahorros así cuando soy grande puedo tener una casa linda", le pedía a la abuela.

Lo que más me impresionaba de "Cota" no era su manía de enjabonar las plantas de jazmines, sino el cuadro de Cristo, colgado sobre su cama demasiado ancha para la viudez, esa cara terrible y humana que me perseguía aunque ya no la viera.

Si a los seis años tenía ínfulas de explorador (se escapaba de su casa para relevar el barrio), a los ocho años quería volar. Subía y bajaba del techo hasta que se animó: voló dos metros con un paraguas. En la gesta se lastimó un tobillo, y la cola por los "chirlos" que le dieron. "Cota" tenía razón: "Pablito es muy comprador, pero qué travieso". El techo también le servía de escondite para escribir sus tempranas poesías.

Castillo forrado de amor
paredes fundidas de sol
ya sólo guardas el recuerdo de los años en flor

castillo del gran señor
despierta ahora con tu jardín de color.

Las ocultaba porque desconfiaba de los adultos que no querían volar. Ya sabía.

A los diez años, le dio por la magia. La familia se habituó a que Pablo pasara la mayor parte de su tiempo en la terraza, hablando con "los dioses del cielo". Les preguntaba si él tenía poderes, por qué estaba en la Tierra y para qué. Los dioses, crueles (como los que conocería más tarde), nunca le contestaron. El se desesperaba y observaba las estrellas, espiando cualquier movimiento que pareciera una respuesta. "Si tengo poderes manden una señal. Hagan llover, yo lo pido", ordenaba. Un día se aburrió.

Ya era fanático del Club Estudiantes cuando empezó a entender por qué sobre el escritorio de su padre había varios retratos del caudillo Juan Manuel de Rosas una pila de libros de Perón.

LOS ECOS DE OCTUBRE

Como vivía cerca de plaza Italia, donde se hacían las manifestaciones prohibidas del 17 de octubre, en cada aniversario Pablo participaba de la excitación del barrio.

Al lado de su padre se había interesado por el peronismo, pero Rosas le resultaba lejano. El 17 de octubre de 1970 (tenía doce años) recibió su bautismo político junto con su amigo Juan Diego Reales. Estaban charlando en la puerta de su casa cuando vieron correr a varios muchachos perseguidos por la policía. Como si estuvieran mirando una película, observaron cómo los detenían, los tiraban contra la pared, llegaba el carro celular y se los llevaban esposados.

—*Vamos a plaza Italia a ver qué pasa, Juan.*

—*Seguro que hay otro acto de los peronistas, loco.*

En el trayecto veían dispersarse a los manifestantes, protegerse detrás de los árboles o dentro de los negocios y casas abiertas. Miraron con asombro cómo un grupo arrojaba una bomba molotov dentro de uno de los carros de asalto. La policía escapó de las llamas pero se reagrupó para responder con una descarga de bombas lacrimógenas. Los dos "exploradores" acabaron refugiados en un zaguán hasta que horas después la dueña de la casa les organizó la huida por los fondos.

Pablo volvió a las manifestaciones que se hicieron en la plaza. Le había gustado la fuerza colectiva, la solidaridad que se generaba cuando cargaba la represión. La protesta llegaba a La Plata, ampliada desde el Cordobazo, incontenible desde que en 1971 empezó a hablarse del retorno de Perón. La ciudad bullía de energía juvenil dispuesta a luchar por un país más justo.

La bronca de Pablo crecía a medida que miraba a su alrededor. Escribió:

Campesino muerto hoy
por hambre y sudor
¿tú gritabas en la noche,
dónde está Dios?
Cansado solías curar heridas
señor y ¡Dios! repetías
mientras dolor había.
Un día de fiesta
tu hermano moría
pero a la noche
el señor reía.

Tardaría en reconciliarse con Dios.

Su padre no sólo coleccionaba retratos de Rosas y libros sobre el peronismo, sino también discos con obras de grandes poetas. Pablo Neruda, Rafael Alberti, Miguel Hernández, García Lorca y Antonio Machado fueron sus preferidos, y con Juan Diego se daban panzadas de poesía y música latinoamericana, Neruda, Viglietti y Quilapayún.

La abuela era su única interlocutora política dentro de la familia, aunque fuera radical y nunca coincidieran.

—*Los peronistas son unos vagos* —le decía.

El contestaba con una provocación, una vieja consigna conservadora:

—*Alpargatas sí, libros no*.

"Cota" contraatacaba con alguna historia truculenta de los gobiernos peronistas para desanimarlo. El día que Pablo le dijo que se había afiliado a la UES, se enojó.

—*Perón creó la UES para que las chicas jóvenes se paseaaran con él en la motoneta*.

—*Ay abuela, ése es el invento más viejo de la oligarquía*.

LA SEDUCCION DE LAS MASAS

En 1972, ingresó becado al colegio católico José Manuel Estrada. Como su hermano Daniel y los chicos más grandes del barrio se habían afiliado a la izquierdista Alianza Popular Revolucionaria (APR), él también se afilió. En menos de un año, cambió de idea y volvió al peronismo. Apenas conocido el triunfo de Cámpora, festejó en los asados de la unidad básica del barrio y se incorporó a la Alianza de la Juventud Peronista, luego integrada a la UES. "Me siento protagonista de algo indestructible", le decía a "Cota" describiéndole las manifestaciones multitudinarias de ese año. Lo seducían esas multitudes, sus códigos; se conmovía frente a ellas como frente a las películas de amor.

Era romántico pero revoltoso; lo echaron del colegio en segundo año. Junto con otros compañeros se había enfrentado al cura-director que se oponía a la fundación del centro de estudiantes. El religioso los castigó porque lo acusaron de ser "un gorilón amigo de monseñor Antonio Plaza". Nunca se supo cuál de las dos imputaciones motivó su enojo. Durante 1974, Pablo no quiso estudiar. Le dijo a su padre que trabajaría en un aserradero. Argumentaba que debía ser un obrero para identificarse mejor con la gente por la que luchaba.

Entraba a las cinco de la mañana a levantar troncos y salía a media tarde. No pudo aguantar: el capataz lo encontró dormido sobre una pila de tablones y lo despidió. Entonces se fue con su amigo "Patulo" Rave a vender diarios al centro. Hasta que su familia logró convencerlo de que volviera al colegio.

Fue a parar a "La Legión", como correspondía a un expulsado. Desde allí participó de la lucha por el boleto secundario en la primavera de 1975. Pero ya no estaba en la UES. Se había incorporado a la Juventud Guevarista e intervenía en la campaña de solidaridad que realizaba la Coordinadora de Estudiantes Secundarios en los barrios pobres y en las villas. Apoyaba el trabajo escolar de los chiquitos y ayudaba a perforar pozos para el agua. Un día, cuando estaban comiendo, se les cayó encima una pared de chapas. Imaginó un castigo divino porque robaba comida de su casa para llevarla a la villa.

Cuando volvió de aquel viaje al Sur, en el verano de 1976, se reintegró a la militancia. Para entonces, su madre se había jubilado y su padre era jefe del Departamento de Historia y Geografía de la universidad. Pablo se había distanciado de él y del peronismo de derecha hacía mucho. Su madre lo espiaba cada vez que volvía a la casa con las manos manchadas por imprimir volantes o pintar paredes.

—*Ojo con lo que hacés, Pablo, tené mucho cuidado. ¿Por qué llegás siempre tan tarde?*

—*No te preocupés, vieja, ya voy a venir más temprano* —se evadía.

En abril, comenzó a llegar más tarde que nunca.

RECTORES MILITARES

Cuando las autoridades nombradas por el régimen militar se hicieron cargo de su dirección, la Universidad Nacional de La Plata podía ufanarse de su prestigio académico local e internacional. Mantener esa reputación, sin embargo, no era el objetivo principal del nuevo rector, capitán de navío Eduardo Luis Saccone.

El gobierno nacional había impartido instrucciones a los responsables de los organismos y establecimientos de enseñanza: la educación pública no estaba incluida entre las cuestiones prioritarias de la dictadura; se reduciría drásticamente el presupuesto asignado al área; se consideraba a las universidades, a los profesores progresistas, a los dirigentes estudiantiles y a los grupos de investigación, como potenciales focos de "subversión política".

Los actos y las declaraciones del ministro Bruera estaban dirigidos a la aplicación de esas pautas. El 12 de mayo de 1976 anticipaba los argumentos que servirían para amputar fondos asignados a la instrucción: "La centralización es la causa de las deficiencias educativas. El monstruoso ministerio agota los recursos y limita las posibilidades". El 3 de junio, en un reportaje televisivo, declaró que debía completarse la primera etapa de reorganización para, seguidamente, "encarar los problemas de fondo". Para el ministro, la "reorganización" transitaba por la acción represiva y la disciplina prusiana en los establecimientos educativos. El 22 de mayo se había conocido una advertencia dirigida a los adolescentes, preocupación especial de las autoridades: "Se aplicarán sanciones a los alumnos secundarios que no respeten normas de conducta". Las represalias consistían en suspensiones y expulsiones drásticas e inapelables.

En La Plata, el capitán Saccone actuaba en perfecta concordancia con su superior. El jueves 15 de julio firmó un nuevo reglamento de disciplina para ser aplicado en el ámbito de la universidad. Las nuevas normas eran más propias de claustros conventuales o de institutos militares, que de la clásica libertad de los universitarios y del fresco desenfado de los estudiantes secundarios.

No obstante, la gestión del rector militar sería breve. El tiempo mínimo necesario para imponer un espíritu que su sucesor sabría mantener. Desde julio de 1976, las reuniones del capitán Saccone con el veterinario Guillermo Gilberto Gallo, profesor asignado a la Clínica de Grandes Animales, se hicieron más frecuentes.

Gallo podía vanagloriarse de una extensa trayectoria universitaria. Había accedido a la Facultad de Ciencias Veterinarias el 8 de mayo de 1954 como profesor adjunto de Patología Médica. Una característica evidente de su carrera fue su facilidad para adecuarse a autoridades y gobiernos de distinto signo. Ingresado durante el gobierno de Perón —muchos aseguran que hacía gala de sus simpatías hacia el justicialismo—, conservó su puesto cuando la denominada Revolución Libertadora, y con Frondizi e Illia.

El 25 de agosto de 1969, en tiempos de la dictadura de Onganía, había sido designado vicepresidente de la universidad. Con este antecedente, no podía sorprender que la nueva dictadura de marzo de 1976 lo tuviera presente para ocupar un alto cargo. El 3 de setiembre se hacía público el anuncio y el día 6 de ese mes Bruera firmaba el decreto Nº 978/76: Guillermo Gilberto Gallo sería el nuevo rector de la Universidad Nacional de La Plata.

El martes 14 de setiembre, llegó muy temprano al edificio del rectorado en la calle 7, entre 47 y 48, y se detuvo unos instantes en la explanada, a contemplar el gran monumento a Joaquín V. González, fundador de la universidad. En seguida, con pasos rápidos, subió las amplias escalinatas hasta el despacho que sería suyo.

El capitán Saccone aún no había llegado, y Gallo tuvo oportunidad de recorrer la amplia sala. Siempre le habían sorprendido los cristales opacos de los tres ventanales —adornados con el emblema de la universidad— que impedían observar la calle 7. El escritorio le era familiar. Acarició el majestuoso tintero de plata que había pertenecido a Dardo Rocha. Se imaginó presidiendo las reuniones en la amplia mesa laqueada de raíz de cedro, un geométrico octógono. Se sentó en cualquiera de las sillas y sacó del bolsillo de su saco las hojas del discurso que llevaba preparado. Antes de repasarlas, dirigió otra mirada a la habitación, a las paredes celestes y al techo azul… Se sintió feliz. Horas más tarde, Susana, su mujer, le comentaría que el lugar estaba decorado al estilo francés del siglo XIX.

A la ceremonia de asunción asistieron el contraalmirante Enrique Carranza, secretario de Educación de la Nación, el general Ovidio Solari y el intendente de La Plata, capitán Oscar Macellari. Carranza pronunció unas breves palabras, sin omitir la inevitable referencia al "clima de orden, de respeto, que permita que nuestra juventud encuentre la orientación que demanda ese período tan particular de su vida".

El discurso de Guillermo Gallo también fue conciso, apenas dos carillas. Su parte central fue un elogio y tuvo destinatarios: "Se continuará con la política desarrollada por la Intervención militar encabezada por el señor capitán de navío Eduardo Luis Saccone y su equipo, que ha tenido la virtud de restaurar el orden y el principio de autoridad perdido en estos últimos años. Han puesto, por otra parte, de manifiesto una vez más que no son solamente señores del mar, sino señores y caballeros de la conducción universitaria, en el breve lapso que han debido actuar en esta universidad".

Más tarde se sirvió una copa de champagne. El clima era de franca cordialidad y camaradería. Entre los presentes, los militares eran numerosos. Incluyendo al nuevo rector, que se había desempeñado en Sanidad Militar con el grado de Teniente 1º.

Gallo tenía decidido cómo ejercer la dirección de la universidad, pero vacilaba respecto de los establecimientos secundarios. De la UNLP dependían dos: el Nacional Rafael Hernández y el Bellas Artes Profesor Francisco De Santo.

Desde el día en que le confirmaron su nombramiento, había mantenido varias reuniones con el rector del Nacional, Horacio Miguel Picco —que llevaba apenas dos meses en el cargo—, y con el vicerrector Juan Antonio Stomo. Gallo se sentía más cómodo con Stomo, que parecía interpretar mejor el papel que la dictadura había asignado a las autoridades educacionales.

En esas oportunidades analizaron la política a seguir con el centro de estudiantes, sus dirigentes, y con los alumnos conocidos por su oposición activa al nuevo régimen. Si se mencionaron nombres, debieron detenerse especialmente en uno: Claudio de Acha.

Para informarse sobre la situación en el Bellas Artes, el rector Gallo tenía un camino "doméstico". Su mujer, Susana Raquel Fittipaldi Garay de Gallo, había sido nombrada regente de ese establecimiento poco tiempo antes. Tal vez por su sugerencia, el rector firmó —apenas el día siguiente a su asunción— una resolución confirmando como rectora a la hasta entonces interventora Elena Makaruk.

Al Bellas Artes concurrían María Claudia Falcone y Francisco López Muntaner. Como muchos de sus compañeros, ellos no simpatizaban con la señora regente, cuyo agrio carácter motivaba frecuentes comentarios. Los chicos veían pasar a Susana de Gallo, el pelo enrulado, no muy agraciada pero impecablemente vestida, con preocupado recelo. Cuando su esposo fue nombrado rector presintieron que su influencia y poder se ampliarían. Y temieron.

FRANCISCO

AUNQUE LO BAUTIZARON Francisco Bartolomé, lo llamaron "Panchito" desde que nació, con la piel morena y una pelusa negrísima en la cabeza, el 7 de setiembre de 1960. Sus padres Irma Irene Muntaner y Francisco Ernesto López se habían preocupado porque el nacimiento demoró más de un mes. Luis César, en el '50, y Miguel Ernesto, en el '52, habían llegado en término. No querían recordar la muerte de la nena que había dejado vacío el tercer lugar y la ilusión de tener una "chancleta" en la familia. Su abuela, Natividad Gómez de Muntaner, que vivía con ellos, también se alarmó: "El chico es duro para nacer", repetía en el patio de la casa estrecha pero luminosa de la calle 3 en La Plata.

Los López Muntaner insistieron en la búsqueda de la nena y dos años después nació Víctor Leonardo, apodado "El Chino" por sus ojos entornados. Más tarde llegaron Emilio Fernando y Mónica Lucrecia. Miguel, Panchito, Emilio y Mónica habían nacido en setiembre. Era un mes de cumpleaños para la familia pero también de duelos. Enrolados en el movimiento peronista desde la víspera de octubre del '45, lloraron los bombardeos de la aviación naval sobre la Plaza de Mayo en

105

Francisco López Muntaner, 14 años (1975)

1955, y siguieron con esperanza el alzamiento del general Valle. Luis César no se resignaba a esas tristezas familiares. No estaba dispuesto a sufrir la misma impotencia que sus padres, y así lo afirmaba después del Cordobazo.

En los días en que Panchito nació, su padre conocía la verdadera cara del Plan Conintes (Conmoción Interna del Estado) implementado por el presidente Arturo Frondizi. Empleado de YPF desde 1947 y miembro del sindicato, había vivido las purgas de la Libertadora. Tuvo que guardar silencio para mantener a su familia pero rumiaba que alguna vez sería distinto. Que Perón iba a volver. Las palabras prohibidas afuera bien podía pronuciarlas en familia. En su casa, ser peronista era tan natural como llamarse López Muntaner.

LAS PATAS DEL MUNDO

A los tres años, el mayor entretenimiento de Panchito era empolvar con talco las hormigas en el fondo de la casa, para impedir que avanzaran hacia sus hormigueros. Con el estímulo de Luis César extendió su interés por el mundo de cuatro patas al de dos. En los primeros papeles que borroneó en el jardín de infantes, intentó dibujar indígenas, negros y mulatos en actitud de combate.

A fines del '70, la familia se mudó al barrio Villa Elvira y abrió un pequeño almacén. Panchito ingresó a la escuela Nº 58 para terminar su primaria. Con su cara de indio y sus espaldas anchas se convirtió en el defensor de los chicos de su clase. Candidato natural, fue elegido el "mejor compañero" en los dos últimos años.

Mientras la dictadura de Onganía agonizaba, las discusiones políticas entre Luis César y su padre se hacían más frecuentes. El deseo del retorno de Perón, tantas veces expresado por los mayores y ahora asumido por la juventud, era el tema obligado de las conversaciones familiares. "Lo vamos a traer por las buenas o por las malas", le decía Luis a su padre. Y Panchito preguntaba qué era eso de traerlo "por las malas". Don Francisco admitía la pasión de Luis, que era estudiante de Arquitectura, pero no compartía, por miedo o por confianza en el sindicalismo ortodoxo, sus ímpetus revolucionarios. La brecha generacional estaba planteada y Panchito tomó partido por su hermano mayor.

A los doce años dejó de leer poesías para chicos y las aventuras de Sandokán. La mitología griega le abrió un mundo de nuevas preguntas. "Si los griegos inventaron la democracia y tenían muchos dioses, ¿por qué nosotros debemos tener uno solo si queremos ser democráticos?", le planteó a Luis una tarde. Hablando de sus gustos, le confesó que sus materias preferidas eran Educación Democrática y Dibujo. Para esa época ya tocaba flauta y guitarra de oído, jugaba al rugby en Universitario y se llevaba a los chiquilines del barrio a pescar al arroyo de 79 y 80. En ocasiones, les enseñaba a hacer los deberes o a jugar al ajedrez.

Su hermano Víctor, el "Chino", recuerda:

—*Tenía un perro que se llamaba Coli y que sólo le obedecía a él. Con su canario era igual. Le abría la jaula, lo tenía a su lado mientras comía y tomaban juntos la leche.*

EL AMOR Y LA UES

Había sólo dos cosas que no compartía con el "Chino": una novia y la abuela Natividad. Pasaron más de dos semanas sin hablarse cuando descubrieron que les gustaba la misma chica. Su madre los obligó a hacer las paces y dictó una sentencia inapelable: "De ahora en adelante, ninguno de los dos la visita más".

Para el "Chino", estas reconciliaciones eran un alivio. De

nuevo podría escuchar la risotada "satánica" y estruendosa de Panchito, y pescar los fines de semana. Junto a las cañas, escucharía de la pelea de los indios contra los españoles, de los gauchos, de la injusticia, de que lo único que le estaba prohibido a un hombre era explotar a otro hombre.

Después del casamiento de Luis, "Panchito" se refugió más en Natividad. Hija de un criollo conservador y viuda de un radical, ella le contaba, apasionadamente, las discusiones entre yerno y suegro durante la Década Infame. "Dale abuela, contáme eso del fraude y de los malevos." Se encerraban en la pieza del fondo a intercambiar, entre mate y mate, sus historias. Panchito recibía información sobre la década del '30, mientras Natividad se introducía en el rock nacional, Los Beatles y Joe Cocker. El acuerdo incluía que él le leyera el *Martín Fierro*.

Panchito era hincha de Gimnasia, pero aunque no compartía la pasión familiar por Estudiantes, sí militó en el peronismo. En el '73, Luis César se había encargado de la secretaría de prensa de la JUP en Arquitectura y su padre había asumido, inmediatamente después de la victoria de Cámpora, la misma función en la unidad básica "17 de Octubre" de su barrio. Entonces dejó de armar sus "tolderías" en el fondo de la casa y repetía una frase de San Martín en la guerra de la Independencia: "Si es necesario iremos en pelotas como nuestros hermanos indios. ¿Entendiste 'Chino'?", gritaba.

Se incorporó a la UES en el '74, apenas ingresó al Bellas Artes, becado por ser hijo de familia numerosa. Allí conoció a María Claudia Falcone y al poco tiempo eran íntimos amigos. Juntos participaron del trabajo en las villas y en los barrios, juntos organizaron el equipo de la UES del Bellas Artes. Con otros chicos de primer año solían delirar, cuando hacían las reuniones en el Parque Saavedra, por el amor de las estatuas. Cada uno elegía su novia o novio entre las cinco estatuas. Se burlaban de la pasión de Panchito por la "tetona".

En el colegio, su participación en las asambleas del centro de estudiantes no era vista con simpatía. Hasta las risotadas, que tanto gustaban a su hermano, le estaban prohibidas. Así lo relató en el diario que inició el 14 de abril del '75: *Me levanté y como esa mañana tenía dibujo fui a la escuela. Me quedé en la plaza cuando salimos y esperé hasta las doce y cuarto y me dirigí hacia la escuela. Tuvimos 2 horas libres y llegó la hora del acontecimiento: por unas insignificantes risas varios fuimos condenados a hacer nuestro diario. Luego de una hora nos fuimos, nos dirigimos por la calle 7 hasta 50. Tomé el micro y me fui a casa. En mi casa jugué al ajedrez y, cuando vi que mi rey estaba por ser jaqueado, tiré el tablero como buen tramposo. Mi padre me mandó a que me encerrara en mi pieza y allí me acosté y me dormí.*

Ese intento de diario, fugaz, terminó al día siguiente:

Me levanté, me fui al baño y estaba preparada la leche, el café y todos los artículos del desayuno. Luego atendí el negocio de mi casa (como buen hijo). Luego del transcurso de unas horas me preparé para la escuela. Tuvimos 3 horas libres y jugamos a las cartas, etc... (y otras cosas). Luego de varias horas nos fuimos a nuestras respectivas casas. Cuando llegué a mi hogar me esperaba un delicioso emparedado. Atendí un poco el negocio y luego miré televisión (el programa de Kung-Fu y Odol Pregunta). Luego llegó mi padre y conversamos sobre el negocio (la mercadería que falta, los clientes que no pagan, etc.). Luego de un cordial beso de buenas noches me fui al sobre. Como el gato duerme en una almohada al lado de mi cama me dormí tarde por su maldito ronroneo.

Entre las manifestaciones por el boleto secundario, los castigos por las risas y las arengas, las asambleas contra la intervención del centro de estudiantes y "las otras cosas" que mencionaba en su diario, repitió segundo año. "Igual tengo quince años y mucho tiempo por delante", disimulaba ante el

"Chino". Pero le dolía porque tenía que separarse de María Claudia que pasaba a tercero.

Después de las vacaciones del '76, sin embargo, permanecieron juntos en el equipo de la UES. Una de las primeras tareas que encararon fue leer y debatir *La formación de la Conciencia Nacional* de José Hernández Arregui, el intelectual más prestigioso del peronismo revolucionario.

Ambos alcanzaron a leerlo pero, por muchas razones, nunca pudieron debatirlo.

LA MUERTE Y EL GENERAL

EXCEPTO POR SU IDENTIFICACIÓN con la política represiva, eran más las cuestiones que separaban a los generales Videla y Suárez Mason que las que los unían. El miembro de la Junta Militar estaba preocupado por la escasa discreción con que el comandante del Primer Cuerpo atendía sus negocios. La SIDE le había suministrado una carpeta sobre la logia masónica que integraba Suárez Mason, junto con Massera y el italiano Licio Gelli, entre otros.

Limitado por la necesidad de evitar enemigos que lo desgastaran en la interna militar, el comandante del Ejército no quería sumar diferencias con su camarada de la Propaganda Dos. Ya desde los primeros días del golpe de Estado, Suárez Mason le había hecho conocer su desacuerdo con algunos nombramientos. Ahora, cuando debía concretar una designación de vital importancia, Videla temía un serio enfrentamiento.

Desde antes de la asonada sediciosa del 24 de marzo, los jefes militares tenían dispuesto que la represión en la decisiva provincia de Buenos Aires sería encarada principalmente con los hombres y recursos de la policía provincial. A partir de esa

113

determinación, el nombre del responsable de esas fuerzas se había convertido en un asunto de suma trascendencia. Debía ser un oficial que supiera llegar hasta las últimas consecuencias, que traspasara cualquier límite si así lo exigía el cumplimiento de los objetivos, que no tuviera escrúpulos morales; en síntesis: un fanático.

Videla vaciló el 13 de abril —martes 13—, mientras retiraba del sobre la hoja que le enviaba Suárez Mason. Su par le había anticipado por teléfono: "Me parece fundamental que se tenga en cuenta para Jefe de la policía de Buenos Aires a quien te señalo en la nota que acabo de enviarte". El Presidente de facto no pudo ocultar su júbilo y en su cara de rasgos aquilinos se dibujó un rictus que intentó semejar una sonrisa; en el pequeño rectángulo de papel blanco sólo aparecía un nombre: el mismo que él tenía decidido desde hacía días.

El coronel Ramón Juan Alberto Camps tenía 49 años cuando se hizo cargo de la jefatura de la Policía de la Provincia de Buenos Aires, el 27 de abril de 1976. Un día en que La Plata sufría una atmósfera incómoda, suma del último calor del verano y un 100% de humedad.

El comisario Brignone, su antecesor, lo recibió en el hall de entrada del casi centenario edificio de la repartición y juntos subieron hasta el primer piso.

El suntuoso despacho del Jefe de Policía era adecuado. Contaba con un amplio privado y una sala contigua de conferencias, con una gran mesa rectangular. La *boisserie* hasta la mitad de las paredes, revestidas en la parte superior con una tela de brocato de color rosa-morado y flores de lis en la trama. Aprobó el escritorio de su oficina y la mesa circular para pequeñas reuniones de trabajo, aunque tuvo la sensación de que faltaban algunos detalles. Pocos días más tarde hizo trasladar algunos muebles desde el palacio de la Legislatura Provincial: no habría Congreso por largo tiempo... Encontró confortable el sillón del presidente de la Cámara de Diputados.

114

Camps se abocó de inmediato a conformar un equipo militar que le brindara asesoramiento. Junto con el teniente coronel Ernesto Guillermo Trotz que había sido designado subjefe, completaron el elenco de quienes integrarían el Estado Mayor: los tenientes coroneles Raúl Gatica, Pedro Muñoz, Enrique Coronel Rospide, Carlos E. Campoamor y Roberto Roualdes.

Las primeras declaraciones públicas de Camps no dejaron dudas sobre cuál sería su blanco: "Se intensificará la lucha contra la subversión". En ese cometido, el jefe y su Estado Mayor elaboraron una estrategia que incluía la organización de una estructura paralela a la policía. Formada principalmente por policías, utilizaría los medios de la policía y funcionaría en los locales de la policía. Pero no tendría existencia formal. Así nació el Comando de Operaciones Tácticas de Investigaciones, que sembraría el terror bajo la sigla COTI.

En un primer tiempo, Camps pensó en el comisario general Verdún, director de Investigaciones, para conducir la nueva organización, pero a poco desechó la idea: sus caracteres no congeniaban. Se alegró cuando Verdún pidió el retiro argumentando razones de salud.

Cubrió el cargo interinamente con el comisario Miguel Osvaldo Etchecolatz, en quien encontró un asistente-consejero que sabía ejecutar sus órdenes, y un subordinado leal. La figura de Etchecolatz fue creciendo dentro de la policía; en poco tiempo era ascendido a comisario general y confirmado como titular de la Dirección de Investigaciones. El policía encaró la tarea de organizar los COTI; eligió los hombres entre quienes ambicionaban ascensos rápidos, tenían fama de duros y ejecutaban las órdenes sin hacer preguntas.

En poco tiempo, la dedicación de las bandas COTI se ve recompensada por el éxito. Como resultado de sus innumerables operativos, centenares de activistas políticos, dirigentes gremiales y estudiantiles, intelectuales, familiares y simples conocidos de los sospechosos iban siendo confinados en centros de cautiverio e interrogatorio, en todo el ámbito de la provincia.

Los datos arrancados en la tortura originaban otros operativos y alimentaban con nuevos cautivos los "pozos" de detención.

Camps había simpatizado con Etchecolatz; lo invitaba a su sala de conferencias. El comisario sabía presentarle informes concisos ilustrados con gráficos simples, sin agregar palabras innecesarias, al antiguo estilo militar que tanto gustaba al coronel.

El 9 de Julio, el capellán de la repartición, Antonio Plaza, realizó una visita protocolar al jefe de Policía. El arzobispo tenía un cargo cómodo. Sus deberes eran escasos y su sueldo —el correspondiente a la jerarquía de comisario general— le proporcionaba un interesante ingreso cada mes.

Desde su nombramiento, todos los 13 de noviembre, "Día de la Policía de la Provincia de Buenos Aires", vestía los atributos de su cargo y se dirigía al lugar donde lo aguardaban las tropas policiales formadas. Se sentía pleno cuando el oficial a cargo ordenaba: "Al señor capellán general de la Policía de la Provincia de Buenos Aires: ¡vista dereeecha". Y él saludaba, con un inimitable tono de cura-policía en la voz: "A mis hijos de la Policía de la Provincia de Buenos Aires, su capellán general los bendice".

El Día de la Independencia de 1976 probablemente dedicó su conversación con Camps a comentar la homilía que acababa de pronunciar el cardenal Juan Carlos Aramburu: "Nuestra libertad está en juego. El ateísmo anhela provocar la aniquiladora lucha fratricida".

Una de las preocupaciones permanentes del jefe de Policía era la "subversión" que se refugiaba en las facultades y los colegios secundarios. Consideraba a los estudiantes como el instrumento clásico de los "extremistas" y el peligro mayor porque conjugaban la pasión política con la temeridad juvenil.

116

En sus conversaciones con el capitán Saccone, rector de la universidad, era el tema central y excluyente.

Durante el mes de agosto del '76, los informes sobre intranquilidad en los establecimientos secundarios se sucedían sobre el escritorio de Camps. Pintadas nocturnas, volanteadas, actos sorpresa. Y la actualización del tema del boleto escolar que había motorizado las movilizaciones en la primavera del año anterior. "Todo es obra de los sucios comunistas", estallaba el militar. En su simplificación ideológica no admitía que —aunque había comunistas— los dirigentes secundarios también podían ser peronistas (la mayoría), socialistas, radicales o independientes.

En los últimos días del mes, Camps convocó a su Estado Mayor y a Etchecolatz. El tema de la reunión era único y la decisión terminante: en setiembre, punto final a la agitación de los secundarios. No habría cambios en el esquema operativo, esos jóvenes representaban un riesgo, igual o mayor que los adultos, para una sociedad ordenada, occidental y cristiana, como la argentina.

117

DANIEL

L E DECÍAN "CALIBRE" desde los ocho años porque en las competencias para ver quién orinaba más lejos, siempre ganaba. "Lo que pasa es que tenés un pito de calibre largo", objetaban los chicos del barrio. Y le quedó el sobrenombre. En esa época era fanático de Luis Di Palma y de los dibujos animados. Soñaba con ser corredor de autos o mecánico (preparaba minuciosamente sus cochecitos de carrera) y con parecerse al Llanero Solitario. Lo llevaban al Club Hípico de Puerto Belgrano para que fantaseara arriba de algún caballo, gritara que venía a hacer justicia y blandiera sus dedos como un arma. Según la mirada fraterna (su hermana Norma, la mayor, y Silvia, la segunda) era un buen alumno, "el más inteligente de los tres" y un gordito simpático de ojos celestes.

Se mudaron a La Plata en 1967. Allí terminó la primaria en la Escuela Nº 7 Espora, tres años después, cuando ya no era gordito sino flaco, extrovertido y siempre simpático, aunque de a ratos se pusiera melancólico. Dejó sus cochecitos para coleccionar herramientas, se inició en la pesca de mojarras y truchas en los viajes al Sur y se hizo hincha de Gimnasia.

119

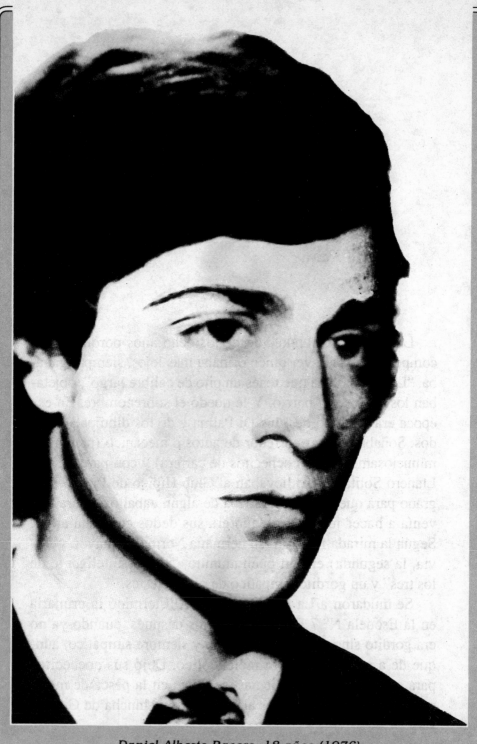

Daniel Alberto Racero, 18 años (1976)

COMO PAPA

El traslado de la familia desde Punta Alta (frente a Puerto Belgrano) hacia La Plata tenía su historia política. Cuando Daniel nació, el 28 de julio de 1958 en el Hospital Naval de Puerto Belgrano, su padre, el suboficial Juan Antonio Racero, ya había solicitado el retiro de la Marina. Como peronista, estaba cansado de la persecución de la Libertadora y de que muchos de sus colegas lo clasificaran como "poco confiable".

Su carrera no tenía futuro y con su mujer, Elsa Pereda, evaluaron que era mejor buscar otros puertos. Ingresó a la Marina Mercante porque, como decía, era un hombre de mar. En esa decisión pesó que Norma ingresaba a la Universidad de La Plata a estudiar Biología y que Silvia quería dedicarse a la danza. Pensaron que él estaría cerca del puerto de Ensenada si la familia se mudaba a La Plata.

En el '71, Daniel ingresó al Normal N⁰ 3. Seguía soñando con un buen curso de mecánico o de tornero. "No sabés cómo me gusta inventar diseños para herramientas o máquinas", le decía a su padre. Había aprendido muchas cosas de él. Y aunque en su casa se hablaba poco de política porque la identidad peronista había significado persecuciones, nunca olvidó el día en que su padre le compró todos los diarios a un canillita de ocho años para que volviera rápido a su casa. "Es demasiado chico para andar por la calle a las diez de la noche", le explicó. Daniel sentía, como él, una solidaridad profunda por los que vivían a la intemperie o vestidos con la pobreza.

A la familia le pareció natural que en el '72 Daniel se incorporara al Movimiento de Acción Secundaria (MAS), y que en el verano del '73 organizara los equipos de la UES que debían acompañar a miles de chicos de los barrios más pobres de La Plata y del Gran Buenos Aires en su primera visita a la Ciudad de los Niños. O que ese mismo año participara en el Primer Encuentro Nacional de Estudiantes de la UES en Salta.

El entonces gobernador Miguel Ragone recibió a más de 700 secundarios de todo el país que, como Daniel, entre guitarreadas y batucadas trabajaron en los barrios marginales en tareas de educación, en la vacunación de los más chiquitos, y en la reparación de viviendas precarias.

El '73 fue definitivo, no sólo porque como decía entusiasmado: "encontré una trinchera para luchar por una patria más justa". También murió su padre. No quiso verlo muerto ni estar en su velorio. Se escapó, vagó muchas horas por la ciudad hasta que lo encontraron en las afueras con la madrugada congelándole las lágrimas. Nunca más habló de él, y cuando alguien decía que se le parecía, bajaba la vista y se quedaba silencioso. Durante más de un año no entró al cuarto de sus padres. Pero un día, se sentó en la cama de su madre y la abrazó.

—*¿Te parece que soy como papá?*

Como papá, empezó a trabajar con una bicicleta prestada repartiendo paquetes y encomiendas para llevar un sueldo a la casa, hasta que en el '74 la pensión por su padre les alivió la situación.

De mañana iba al Normal, de tarde al trabajo. Y de noche a la UES, para hacer reuniones o pintar en las paredes del colegio o de la ciudad:

Is "A" bel

López Reg "A"   Son las AAA

Vill "A" r

EN LA PRIMERA LINEA

Como todos, cuando era chico había leído *El Principito* y las aventuras de Sandokán. En el '74 escuchaba a Sui Generis, a Almendra, a Joan Manuel Serrat y a Los Beatles.

Le gustaba el tango cantado por la "Tana" Rinaldi, Astor Piazzola y el rock nacional. Fue en ese tiempo, en el Normal, que conoció a Horacio Ungaro y se volvieron inseparables. "Flor de pareja, ustedes...", se burlaban de ellos en los plenarios del Parque Pereyra Iraola. "A éste lo gané yo para la UES", se jactaba Daniel. Eran distintos. Horacio, reflexivo, "el intelectual"; Daniel, el dinámico, el hombre práctico. También los provocaban preguntándoles si se acostaban con la misma chica o si se la "bancaban" juntos. Lo primero, no.

En ese año, a Daniel lo nombraron responsable del equipo de la UES de su colegio. Organizaron actos relámpago para luchar contra "la escuela de Ivanissevich" y por el retorno del gobierno tripartito. Casi todos los actos terminaban con un muñeco de papel que representaba al "brujo" (López Rega), incendiado. Estuvo en la primera línea durante las movilizaciones por el boleto escolar. En el patio del colegio, desde el mástil al que le gustaba treparse, lanzó la consigna "vengamos a pie o en bicicleta al colegio, pero no tomemos colectivos para no romper la lucha".

En las vacaciones de 1976, en Punta Alta, habló con su hermana Norma sobre la crisis del peronismo. Estaba preocupado y quería terminar rápido el secundario para dedicarse a trabajar de mecánico, en algún taller industrial. Alejarse del ambiente estudiantil. "Con los obreros es más fácil seguir adelante", argumentaba. En marzo, mientras cursaba el último año de bachillerato, se inscribió en el Industrial Modelo de Berisso para cursar Tornería Mecánica. Ya para esa época, lo que más lo apasionaba no era coordinar la resistencia contra el golpe militar en los colegios normales de la ciudad, sino su trabajo en la comisión de solidaridad con los presos políticos formada por la Coordinadora de Estudiantes Secundarios. "Si abandonamos a los presos los liquidan, los tienen como rehenes", le explicaba a Horacio Ungaro, en esas tardes de abril en que se quedaban preparando algún volante, alguna reunión o, simplemente, mirando televisión.

Daniel será el primero en llegar a la decisiva cita clandestina del bar Don Julio.

- **ABUD** — Teniente Coronel — Jefe Operacional del Area 111, con sede en el Batallón de Arsenales 601 Domingo Viejo Bueno (1976). Petiso, canoso, nariz aguileña.
- **ACOSTA** ("el perro") — Policía de la Provincia de Buenos Aires —Destinado al COTI Lanús (1976). Obtuvo el apodo por su desagradable aspecto físico y su agresividad.
- **ALCANTARA** — Oficial Principal de la Policía de la Provincia de Buenos Aires (PPBA) — Jefe de Transradio, La Plata (1976). "Archivado" en la Dirección General de Seguridad (1977). Comisario de la 1ª de Avellaneda (1984). Comisario Inspector (1985). Quedó invalido a causa de un proyectil que lo alcanzó en la nuca durante un procedimiento (fines de 1985).
- **ARANA** ("la chancha") — Comisario Inspector de la PPBA — 2º jefe del Area Metropolitana (1975). Jefatura (1976). Brigada de San Justo (1977). Mediana estatura, canoso, tez trigueña.
- **ASTOLFI** ("el cura") — Teniente 1º — Miembro de la DIN, organismo de contraespionaje del Ministerio del Interior (ubicado en Diagonal Norte y Suipacha, Capital). Se

125

habría hecho pasar por sacerdote para obtener información de secuestrados-desaparecidos. Integrante del Regimiento 7º asignado a la Brigada de Investigaciones de La Plata (1976).

- BALDASERRE ("Dietrich" — "Capitán Valid") — Parapolicial — Vestía habitualmente uniforme de capitán del Ejército. Dependía directamente del general Camps. Contextura física robusta, aproximadamente 1,75 de estatura, usaba bigotes.

- BERGES, Jorge Antonio ("Menguele chico" — "ángel de la muerte" — "Dr. Zhivago") — Oficial Subinspector Médico de la PPBA — Ingresó a la policía como agente del Cuerpo de Camineros, siendo prácticante de medicina (1972). Cuando se graduó de médico ascendió a oficial y, según testimonios, mudó su personalidad. Comando de Operaciones Tácticas de Investigaciones (COTI) (1976). Acusado por varios sobrevivientes, incluido Pablo Díaz.

- CARDOZO, Carlos ("Carlitos" — "capicúa" — "cadenero") — Comando Nacional Universitario (CNU).

- CASTILLO, Carlos ("el indio") — CNU — Infiltrado como preso, en la cárcel de Olmos, entre 1976 y 1978. Su misión era, aparentemente, "marcar subversivos".

- DIAZ, José ("el petiso") (su nombre real sería Juan Rivadeneira) — CNU — Asignado al centro clandestino de detención "La Cacha" (L. Olmos, La Plata) bajo órdenes del Servicio Penitenciario Federal y del Batallón 601 de Inteligencia.

- ETCHECOLATZ, Miguel Osvaldo ("Miguelito") — Comisario General de la PPBA — Segundo del comisario Verdún en la Dirección General de Investigaciones. Ocupó el cargo interinamente cuando Verdún pidió licencia por "carpeta médica" (1976). Una vez nombrado, como hombre de confianza del general Camps, organizó el Comando de Operaciones Tácticas de Inteligencia (COTI).

- FERNANDEZ, Alfredo — Comisario General de la PPBA — Comisaría 1º de Vicente López (1969) — Jefe de Zona Junín (1970) — Jefe de la Brigada de San Justo (1976) — Director de Investigaciones de la PPBA (1978). Enlace entre la DIPBA y el Batallón 601. La orden de detención de María Claudia Falcone lleva su firma. Algunos testimonios señalan que fue quien bautizó el operativo de secuestro de adolescentes como *"La noche de los lápices"*.

- GONZALEZ, Juan Manuel ("Eneí") — Comisario de la PPBA — COTI de Puesto Vasco (1976) — Unidad Regional Tandil — Comisario Mayor, asignado a 9 de Julio — Retirado (1980). Practicaba karate, yudo y deportes "duros".

- GUNTHER, Celestino ("el alemán") — Oficial Principal de la PPBA — Destinado a la Brigada de Investigaciones de La Plata (1976). Muerto por error de uno de sus compañeros, en un operativo en calle 8 entre 47 y 48, en La Plata (1978).

- LEIVA, Oscar ("el negro") (su nombre real sería Virgilio Fernández Mutilva) — CNU — Dependiente del Batallón 601 (1976). Supuesto integrante de la Triple A.

- MASOTTA — CNU — Dos hermanos. Grupo de Tareas del comisario Pacheco (1976).

- MUNICUCCI, Federico Antonio — Teniente Coronel — Jefe Operacional Area 112 (1976). Jefe del Regimiento 3º de Infantería (1977). Retirado como general de Brigada.

- NOGARA ("el flaco" — "Nogarita" — "el monje blanco") — Oficial principal de la PPBA — Brigada de Investigaciones de La Plata (BILP) (1976). Secretaría Privada del jefe de Policía, general Camps (1977). Jefe de la BILP. Morocho, flaco, de trato afable.

- OSTERRIER, Juan Carlos ("el verdugo" — "la mariposa") — Oficial principal de la PPBA — Jefe del Grupo de Tareas "Puma" — Excelente tirador; el primer policía que recibió de la Armada una Itaka con mira infrarroja. Sus propios compañeros lo consideraban extremadamente violento.

- PARRA ("Parrita" — "Chicho chico", se le decía "Chicho grande" a Camps) — Sargento de la PPBA — Asistente del general Camps — La "sombra" del ex jefe de Policía, a quien hasta le probaba la comida. Permaneció junto al jefe militar.
- PONS — Subcomisario de la PPBA — Subjefe del Comando Radioeléctrico (1976).
- QUINTEROS ("el gordo" — "la mosquita") — CNU — Grupo de Tareas del comisario Pacheco (1976). Le falta la falange del dedo índice de la mano derecha.
- ROUSSE, Alberto ("el flaco") — Comisario inspector de la PPBA — Comisario de la 1º de Avellaneda (1973/5). Segundo jefe del Area Interior (1976). Retirado a raíz de un serio incidente con el jefe de policía Gral. Ovidio Riccheri (1980).
- TARELA, Eros Amílcar ("Himmler" — "el loco") — Subcomisario de la PPBA — Secretario de Camps. Jefe de Inteligencia de Etchecolatz. Nexo entre Camps, el jefe de Inteligencia y el jefe de Investigaciones de la PPBA. Se refugió en el Paraguay.
- TRALAMAN ("el turco" — "el profesor") — CNU — Grupo de Tareas del comisario Pacheco. Dibujante, se ocupaba de asistir a marchas, manifestaciones y asambleas estudiantiles para confeccionar posteriormente los "identikit" de los dirigentes.
- TROTA ("el tartamudo") — Subcomisario de la PPBA — COTI Central (1976).
- TROTZ, Ernesto Guillermo — Teniente coronel — Segundo jefe de Policía. Miembro del Estado Mayor de Camps.
- VERCELLONE, Carlos ("el doctor") — Subcomisario de

la PPBA — Dirección General de Investigaciones, Delitos Económicos (1976). Abogado. Alto, 1,90 de estatura, pelo castaño claro.

- VERDUN ("Mariscal Tito") — Comisario General de la PPBA — Jefe de la Dirección General de Investigaciones (1976) — Por diferencias con Camps solicitó licencia por "carpeta médica", y luego el retiro definitivo.
- VIDES, Héctor Luis ("el lobo") — Comisario de la PPBA — Jefe de Cuatrerismo en La Matanza (1976). Integrante del GT1, Grupo de Tareas del 1º Cuerpo de Ejército. Se le decía "hombre de Camps". Denunciado en varios testimonios. Pablo Díaz lo reconoció como jefe del operativo de su secuestro.
- WOLF ("el patón") — Comisario mayor de la PPBA — Jefe del Area Metropolitana (1976). Segundo jefe de la Dirección General de Investigaciones (1977). Tez morena, usaba bigotes, 1,90 de estatura.

(La lista precedente de imputados en operativos represivos en la zona de La Plata, año 1976, se ha confeccionado a partir de los testimonios de víctimas reaparecidas, ex represores y miembros de fuerzas de seguridad, y ha sido ampliada con datos obtenidos durante la investigación encarada para este libro.)

Segunda Parte

LA NOCHE

Las vísperas

"—Sandokán —dijo Yánez—, me parece que
estás muy inquieto.
— Sí —repuso el Tigre de la Malasia—, no
te lo oculto, querido amigo.
— ¿Temes algún encuentro?
—Estoy seguro de ser seguido o precedido,
y un hombre de mar difícilmente se engaña."
                                    Emilio Salgari

EL REENCUENTRO

—*CASI NINGUNO DE NOSOTROS faltó a la cita en el bar Don Julio, en 6 y 49, a fines de abril del '76* —empieza a relatar Pablo Díaz.

Desde el día del golpe, la ciudad había sido invadida por una violencia desembozada. Durante la noche se oían explosiones, tiroteos, sirenas policiales, desplazamientos de autos sin chapa con hombres de civil armados para la guerra, que retumbaban sobre puertas y persianas entornadas desde horas más tempranas. Al atardecer, las diagonales despejadas parecían más rectas que de costumbre. Los diarios acumulaban partes militares anunciando muertos y los vecinos murmuraban sobre procedimientos nocturnos en los que se habían llevado encapuchado a algún joven.

La Coordinadora de Estudiantes Secundarios (CES) convocó a la resistencia contra el golpe. Llamó a la participación y recordó que la victoria en las luchas por el boleto secundario había sido obtenida por la unidad. Pero el reagrupamiento era difícil; ya habían sido secuestrados algunos estudiantes y había miedo. En los días posteriores al comunicado Nº 1 de la Junta, se instalaron policías en los techos de "La Legión", del

Normal Nº 3 y del Liceo Víctor Mercante. A las puertas del Nacional se apostaron patrulleros para pedir documentos de identidad. Los estudiantes sintieron que algunos profesores y regentes estaban colaborando estrechamente con la represión. Los docentes menos integrados al nuevo régimen se limitaban a impedir el acceso a clases de los chicos que no llevaban corbata. En el Bellas Artes se vigilaba cada rincón, los baños, los pasillos. Los centros funcionaban clandestinamente y las reuniones se hacían en los bares, parques y plazas, o en casas de militantes de la UES y del resto de las agrupaciones. Los profesores sospechosos de alguna oposición al golpe fueron cesanteados: más de 58 en abril.

Como todos los atardeceres, el bar Don Julio hormigueaba de estudiantes. Nadie hubiera sabido explicar el porqué de tanta popularidad. Las vetustas mesas de madera exhibían cicatrices, huellas de los desbordes juveniles de muchas promociones. Los incómodos bancos, frente al mostrador, nunca se desocupaban. Opacados por los rastros de moscas antiguas, los globos de luz suspendidos del altísimo techo casi no alumbraban. Las paredes con azulejos de dudoso blanco denunciaban el pasado de "lechería". Seguramente los famosos licuados de banana y la tolerancia del patrón, don Julio Mazzuchelli, compensaban tan escasos atractivos. Las tres puertas, la de cada calle y la de la ochava, se abrían continuamente al incesante ir y venir de chicas y muchachos.

Entre los secundarios que llegaron estaba Pablo, por la Juventud Guevarista, también Daniel Racero, Claudio de Acha y Horacio Ungaro, por la UES, "el flaco" Alejandro, por el Grupo de Estudiantes Secundarios Antiimperialistas (GESA), representantes de la Federación Juvenil Comunista (FJC), y estudiantes independientes. La reunión se desarrolló en un clima de desánimo. Las noticias sobre la represión en las escuelas y la desmovilización en sus propias filas les hacían sentir que enfrentaban a Goliath.

136

Horacio admitió que a partir del golpe se habían dificulta-
do los encuentros y las movilizaciones, pero aseguró que apenas pasaran los primeros meses del gobierno los secundarios
volverían a agruparse.

—*Tenemos que seguir poniendo cajitas volanteras en los
baños, gancheras, y hacer pintadas. Y ojo, que detrás de la
clausura de los centros vienen otras medidas.*

Alejandro coincidió con Horacio pero hizo observaciones
sobre la seguridad del grupo.

—*Si seguimos encontrándonos en bares nos van a cazar
como moscas.*

Pablo asintió.

—*Los preceptores saben que somos nosotros los que pin-
tamos y volanteamos. Estuvimos en lo del boleto y se lo dis-
cutimos a los profesores. No se la bancan. A mí ya me dijeron
que si sigo en esa, pierdo.*

Acordaron que las reuniones de la Coordinadora se hicieran en grupos reducidos mientras se consolidaban en los
colegios. Si les prohibían hacer manifestaciones, harían
actos relámpago en las calles céntricas. Pintarían los colegios por dentro y por fuera llamando a la resistencia, expli-
cando que la dictadura significaba la pérdida de conquistas
que habían llevado años y mucho esfuerzo. Deberían cuidar-
se de los espías, solidarizarse con los profesores, pedir la
reapertura de los centros y la libertad de los compañeros presos. Exigir "que la policía no ande pavoneándose por los
pasillos de los colegios con sus ametralladoras apuntando a
todos y a nadie". Que no les allanaran las peñas de la CES
entrando en patota, de civil o en uniforme, cortándoles la
música y alineándolos contra la pared para palparlos de
armas y pedirles documentos. En esos operativos, se llevaban a muchos con la excusa de "averiguación de antecedentes".

Antes de despedirse, Daniel manifestó su preocupación

porque las comisiones de solidaridad con los presos, según dijo, "no están haciendo un carajo".

—¿*Qué hacemos?* —preguntó.

— *Y, veamos...* —dijo Claudio—. *Primero debemos reforzar la CES incorporando otros colegios, y después ver si hay más gente para las comisiones de solidaridad. Si no, sigamos con las que van a las villas que todavía funcionan más o menos bien.*

—*Claro, es una joda. ¿Cómo hacés para visitar ahora a los presos y que no te dejen adentro? Además si tenés que avisarle a una familia que se llevaron a un pibe por ahí te quedás pegado* —agregó Alejandro.

La evocación que Pablo está haciendo de aquel encuentro de abril en el bar Don Julio, se pierde en el detalle de si era Claudio el que usaba una campera oscura o si era Horacio. Recuerda que Alejandro interrumpía para hablar del campeonato de fútbol y que Daniel estaba más molesto que nadie porque "este boliche parece una pajarera".

Se esfuerza por traer a la memoria precisiones, otros diálogos. No puede. Los años de miedo han logrado colocar una losa pesada sobre las imágenes y las palabras.

—*Es todo lo que recuerdo de esa reunión. Nosotros estábamos convencidos de que no había que reducir la marcha, que la gente iba a resistir a la dictadura.*

LA CARGA DEL TARIFAZO

LA ASUNCIÓN DEL GOBERNADOR Ibérico Saint Jean fue precedida por modificaciones en el precio del boleto secundario. El 6 de abril, su antecesor, el general Osvaldo Sigwald, había incrementado las tarifas del transporte urbano de La Plata, Berisso y Ensenada, y del resto de la provincia. El BES tuvo, un 100% de aumento en apenas 4 meses. Hubo disculpas oficiales: "Es preocupación de esta intervención militar en salvaguarda de los intereses de los sectores estudiantiles secundarios mantener el boleto con tarifa especial". [9]

En la mañana del 5 de junio, los argentinos se despertaron con un aumento del 26% en las tarifas del transporte automotor y en los servicios públicos. El intendente de La Plata, capitán de navío (RE) Oscar Macellari, guardó silencio sobre las nuevas tarifas locales, pero la prensa dejó trascender que el boleto primario sufriría un incremento del 100% y que había forcejeos por el precio del boleto secundario. [10] Las diez líneas de colectivos (cinco comunales y cinco intercomunales), nucleadas en la Cámara de Transporte, aplicaron inmediatamente aumentos aún no autorizados por las municipalidades respectivas. No se había reglamentado "el tarifazo", pero se sabía que la conquista del precio único en los boletos generales y preferenciales, con independencia del kilometraje recorrido ("tarifas planas"), estaba en peligro.

En las oficinas del tercer piso de la Cámara de Transporte, calle 50 Nº 889, se conspiraba. En la dirección de Obras Públicas se escuchaba a los conspiradores. Los empresarios utilizaban como excusa el aumento de los costos para suspender beneficios a los usuarios y obtener mayores ganancias; el gobierno no quería enemistarse con ellos. Tenían intereses similares. En los pasillos del Bellas Artes, de "La Legión" y del Colegio Nacional, circulaba la versión de que el BES sería suprimido. Aunque ya había temor de peticionar a cara descubierta, se organizaron comisiones en cada colegio para pedir a las autoridades una aclaración. Nadie quiso responder.

El mutismo oficial se mantuvo hasta el viernes 11. La prensa había eliminado cualquier referencia al BES, aunque ya se habían fijado las nuevas tarifas para los boletos generales, incluido el de escolares primarios.

El bar Astro, en 48 y 7, fue el punto de reunión donde la Coordinadora de Estudiantes Secundarios planificó, en esos días, las medidas contra la supresión del boleto. En el equipo de la UES del Bellas Artes estaban María Claudia Falcone, Panchito López Muntaner y Emilce Moler. Claudio coordinaba a sus compañeros del Nacional, y Daniel y Horacio a los del Normal Nº 3. Pablo, con Víctor Treviño y otros compañeros de la Juventud Guevarista, representaban a "La Legión". María Clara Ciocchini, que ya vivía con María Claudia, se había integrado al grupo del Bellas Artes.

La inquietud de los secundarios se extendería más allá del 11 de junio. Ese día, el titular de Obras Públicas, Pablo Gorostiaga, se lamentó de que las tarifas "fueran un golpe para la economía familiar". Pero declaró que era la única manera de mantener un servicio eficiente. Le preocupaba que en 1975 se hubieran incorporado sólo 24 unidades cero kilómetro y que a ese ritmo se tardaría 200 años para la renovación total del transporte público de La Plata.

Gorostiaga ya sabía que las empresas habían suspendido el expendio de boletos secundarios, pero los chicos le preocupaban menos que el parque automotor. El ministro de Educación de la provincia tampoco intervino ante las denuncias de los padres de los estudiantes: en los colegios, particularmente en los dependientes de la universidad, se había suspendido la certificación de "alumno regular", requisito indispensable para que las empresas reconocieran el carnet del BES.

El martes 15 de junio, el gobierno mostró sus últimas cartas. La Cámara de Transporte había triunfado: se eliminaban las "tarifas planas" y se volvía al sistema de secciones. Para los servicios de La Plata, Berisso y Ensenada, el BES costaría 8 pesos. Los secundarios protestaron porque los que tenían viajes que abarcaban más de una sección, debían caminar varias cuadras para que les correspondiera el pago mínimo. En caso contrario no pagarían 8 sino 16 pesos. El aumento general había sido mayor al 200%.

Al nuevo golpe para la economía cotidiana de los sectores populares, el ministro Gorostiaga agregó una ironía: "También podrán tener boleto diferencial aquellos que cursen en colegios privados, especialmente gratuitos, porque en su población hay estudiantes tanto o más modestos que aquellos que cursan en establecimientos oficiales". Distorsionaba la realidad para encubrir los lazos del gobierno militar con los institutos religiosos. [11]

Recién tres días más tarde, el director de Transporte, capitán Santiago Bassani, firmó la disposición 2012 que reglamentaba el uso del BES. En su artículo 4º se limitaban las conquistas del '75: sólo se extenderían dos pasajes diarios (ida y vuelta) a cada estudiante. La medida fue ratificada por el marino intendente Macellari y por Jaime Smart, ministro de Gobierno de Saint Jean.

EN LA MIRA

LAS RESOLUCIONES DE JUNIO sobre el boleto secundario no habían conformado a los estudiantes. Además, en los colegios se continuaba demorando la entrega de las constancias de regularidad y en los pasillos se comentaba que el boleto no regiría más allá de setiembre. En las semanas sucesivas, Pablo, Claudio y Horacio se encontraron a la salida de los colegios y en la villa miseria de las calles 19 y 527 donde trabajaban, para discutir cómo proceder si el BES era suspendido. Pensaban que el último reajuste había demostrado que los militares intentaban barrer esa conquista. Con bastante candidez, suponían que, igual que el año anterior, la defensa de "su" boleto convocaría masivamente a los estudiantes.

A fines de agosto, Claudia y Panchito permanecieron toda una noche dentro del Bellas Artes pintando y distribuyendo volantes, para alertar a los estudiantes sobre la probable eliminación del boleto. Pero los intentos de organizar una manifestación fallaron; mientras, aumentaba el riesgo para los dirigentes estudiantiles.

Después de una de las citas en el bar Astro, a Claudio, Horacio y María Claudia los había seguido la policía. Esa noche, María Claudia llegó a la casa de su tía Rosa Matera y encontró a María Clara discutiendo con Panchito.

—*Creo que al BES no lo van a sacar porque se les tira toda la ciudad encima* — estaba diciendo María Clara.

—*No te la creas. Claudio dice que todos nosotros estamos fichados. El piensa que por ahí esto es una maniobra para meternos en cana* —intervino Claudia.

—*Puede ser. Igual si al boleto no lo sacan ahora, lo sacan después, vas a ver*—insistió Panchito.

Se callaron cuando Rosa Matera entró a ofrecerles algo para tomar. María Claudia le dijo que ya se iban a dormir. No les creyó. Las reuniones hasta la madrugada eran un hábito.

—*¿Qué decías?* —continuó Panchito.

Claudia vaciló.

—*Que me parece que de acá también nos tendríamos que mudar. Hoy di unas vueltas bárbaras para llegar, porque sentí que me seguían. El bar estaba lleno de "tiras".*

Panchito tomó el colectivo después de deambular por varias calles para dificultar posibles seguimientos. Se había quedado preocupado por la charla. Tal vez Claudio tuviera razón y el boleto había sido utilizado por la dictadura como una trampa para detectarlos. De todas maneras, aprovecharían la oportunidad para intentar anularlo. La vieja y abandonada estación de tren de La Plata, al final de la calle donde vivía, le recordaba su infancia. La gente se apuraba, iba o venía del trabajo. Si lo fueran a buscar, ¿serviría esconderse detrás de la pila de durmientes amontonados en las vías? No quería irse del barrio, le gustaba estar entre gente abierta como él. La abuela Natividad lo esperaba cabeceando de a ratos. Estaba sentada en la habitación del fondo de la casa, en la vigilia de su edad, en el sitio donde Panchito hacía los deberes y ella lo rondaba, planchando o cocinando. Poco antes, él le había comentado que le gustaba más vivir en un barrio que en el centro. "¿Sabés por qué, abuela? Porque en el centro si golpeás la puerta te dicen 'espere'. Acá en cambio te dicen 'pase', ¿no?"

Natividad lo vio muy inquieto.

—*Hijo querido, ¿por qué no vas a dormir? Mañana tenés examen de Matemáticas.*

Panchito entró despacio a la pieza que compartía con el "Chino". Ojalá esa noche no soñara otra vez, como en los últimos tiempos, con Claudia que no llegaba a la cita junto a la estatua del cántaro, en el parque Saavedra. Le había contado a su hermano Luis y a Natividad cuánta angustia le daba ese sueño.

El uno de setiembre, Saint Jean firmó, con Gorostiaga y Smart, el decreto 4357 que volvía a incrementar la tarifa del BES. Accedía a lo que la Cámara de Transporte solicitara por expediente 2417-4766. Se fijaban diez secciones de tres kilómetros cada una, que encarecía el viaje de los estudiantes de barrios alejados, y un incremento del 25% en el BES. Aunque el boleto estudiantil se mantenía, se seguían recortando sus beneficios. [12]

Con los premeditados amagues de autoridades y empresarios transportistas de suprimir el BES, los organismos de inteligencia militar habían logrado detectar a los más activos dirigentes secundarios de La Plata. A la cero hora del uno de setiembre de 1976, comenzó la cacería.

ANTICIPOS

El mes de agosto se despidió agitadamente en el Colegio Nacional. En sus últimos días, el ruido de los petardos había sido acompañado por la aparición de misteriosas pintadas favorables al grupo guerrillero Ejército Revolucionario del Pueblo (ERP). Lo extraño de esas manifestaciones era que no se correspondían con las prácticas ni la filosofía de los grupos políticos que actuaban en el colegio. Simultáneamente, se habían notado presencias extrañas en los alrededores. Comenzó a circular una lista de origen desconocido con el nombre de cinco estudiantes. Se les imputaba la autoría de las leyendas y los desórdenes.

El 1 de setiembre amaneció sumergido en la calma tibia y densa que anticipa las tormentas. Mientras ingresaban, los alumnos notaron que varios individuos desconocidos —de conspicuos anteojos negros— conversaban con algunos celadores de conocida militancia en la CNU. Por el trato amistoso, se deducía que se conocían. En los clásicos corrillos se fueron multiplicando las conjeturas sobre esas presencias; algo estaba por ocurrir.

Poco más tarde comenzaría a develarse el misterio. Los estudiantes nombrados en la lista incriminatoria fueron recluidos en la sala de Disciplina. Faltaba uno de los cinco: Luis Favero había viajado a Buenos Aires para gestionar la participación de la estrella del rock nacional León Gieco en un festival de solidaridad estudiantil.

El vice-rector Juan Stomo cumplía con eficiencia su papel de ordenador. Iba acompañando, de uno en uno, hasta la Secretaría del colegio, a los chicos confinados. Allí los esperaban para interrogarlos los hombres de anteojos negros. Las preguntas eran secas, enérgicas. Eduardo Pintado, Pablo Pastrana, Víctor Vicente Marcaciano, militantes de la Federación Juvenil Comunista, soportaron el rigor de la situación y las mismas acusaciones que Cristian Krause, que no tenía actividad política ni estudiantil alguna. De a ratos, los ojos de los muchachos dirigían un pedido de ayuda a Stomo, que presenciaba la escena sin intervenir.

Los alumnos del Nacional consideraron sospechoso que se ordenara su salida quince minutos antes del horario habitual con la excusa de "la tormenta que se avecina", y permanecieron en las inmediaciones. Un rato más tarde, traspasando las cuatro columnas de la entrada, aparecieron los demorados, ante los vítores alborozados de sus compañeros. Los "anteojos negros" habían calculado todo a la perfección para que la liberación tuviera testigos.

Minutos después, mientras cruzaba la avenida 1 hacia la 49, Víctor Marcaciano fue apresado e introducido en un coche Fiat 1500 Familiar. Pasaría cuatro meses desaparecido, sufriendo crueles torturas, en especial durante los primeros veinte días. Lo interrogaban sobre los dirigentes estudiantiles, particularmente aquéllos que impulsaban la lucha por el BES.

Pablo Pastrana —que ya había sufrido un secuestro el 1 de agosto— y Cristian Krause fueron raptados minutos más tarde. También se intentó una acción similar contra Eduardo Pintado, quien logró escapar. En los cuatro casos, los secuestros fueron obra de los individuos de anteojos oscuros que los habían interrogado en el colegio.

La acción en el Nacional sólo fue el prólogo de otras. En la madrugada del día 4 fueron secuestrados Víctor Treviño de "La Legión", Fernanda María Gutiérrez del Liceo Mercante y Carlos Mercante del Colegio del Pilar. Les siguieron los militantes del Grupo de Estudiantes Secundarios Antiimperialistas (GESA) Alejandro Desío, Abel Fuks y Graciela Torrano del Bellas Artes, y Luis Cáceres de la Escuela Técnica. Todos tenían entre 15 y 18 años.

EL ULTIMO SOL

EL 15 DE SETIEMBRE, desde temprano, el sol se exhibió despreocupado frente a la amenaza de las pequeñas y escasas nubes. Después de un otoño y un invierno más desapacibles que los habituales, la primavera de 1976 se anticipaba sobre La Plata.

Para los vecinos de la ciudad, ese miércoles no se presentaba diferente a muchos otros. A su lado, un grupo de adolescentes vivía, como una angustia imprecisa, sus presagios.

Ese mediodía, después de llegar del colegio Claudia se sentó a esperar a María Clara para contarle la última discusión con su hermano. Jorge estaba enojado por la ligereza con que manejaba sus actividades estudiantiles. Aunque apoyaba su lucha apasionada por ideales compartidos, le reprochaba la negación del peligro que en esos días era el protagonista de la ciudad. Rosa "Tata" Matera no preguntó nada cuando la vio ensimismada. Sabía que un rato más tarde Claudia estaría cocinando alguna torta o toneladas de papas fritas. "Los vicios no se pierden así nomás", pensó. En ese momento la escuchó recordarle que al día siguiente se cumplía el 21º aniversario de la Libertadora.

—*Día de brujas para cazar peronistas* —ironizaba Claudia desde la cocina.

El recuerdo de la historia familiar asaltó inmediatamente a Rosa Matera, pero Claudia no se detuvo en el augurio. Estaba escuchando las noticias por radio.

Videla había tenido un almuerzo de trabajo con varios gobernadores, una reunión con la comisión ejecutiva de la Conferencia Episcopal y seis horas de maratón con sus colegas de la Junta para analizar la marcha del plan económico de Martínez de Hoz. Con la Iglesia trató varios temas. Había pedido a los obispos que retiraran de circulación la *Biblia Latinoamericana*, editada en 1974 por Ediciones Paulinas de España, aún en época del generalísimo Franco, "por su contenido e ilustraciones marxistas". Los monseñores Juan Carlos Aramburu, Vicente Zaspe y Raúl Primatesta también escucharon sus explicaciones sobre la marcha de la represión y los logros en "la pacificación del país", e incluso una promesa de mejorar el salario de los trabajadores. El secretario del Episcopado Carlos Galán fue el encargado de calificar a la reunión como "muy cordial". Sobre la *Biblia* impugnada, se apresuró a recordar que el obispo de San Juan, Ildefonso María Sansierra, había abierto el fuego una semana antes ("La *Biblia Latinoamericana* es un fraude y una falsificación marxista"), e informó que la Comisión de Teología estaba estudiando el tema.

En Tucumán se estaba desarrollando la V Asamblea del Consejo Federal de Educación. El ministro Bruera presidía las deliberaciones, a las que asistía invitado el gobernador tucumano y jefe de la V Brigada, general Domingo Bussi. Como anfitrión, correspondió el discurso de apertura al ministro de Educación local, Olegario Von Büren, quien señaló el "Dios, Patria y Hogar" como meta de la educación. Bruera se congratuló por el hecho de que la Asamblea se realizara en el lugar donde la subversión había sido derrotada, y reafirmó que se combatiría la infiltración ideológica. Las directivas para los rectores sobre ese tema, señalaría luego a los periodistas, "eran de carácter reservado". Claudia tuvo la certeza de que la circular firmada por Solari, adoptada en el Bellas Artes, que ordenaba la represión a los Testigos de Jehová y a quienes se negaran a venerar los símbolos patrios [13], se integraba a la trama que se estaba haciendo pública en Tucumán.

A media tarde, fue a buscar a su madre al trabajo. Le pidió plata para comprar una lámina porque debía llevar un collage como tarea. Nelva la vio contenta y juguetona como siempre.

María Clara buscó a Horacio. El le gustaba pero no hubiera podido definir sus sentimientos. Seguía poniéndose colorada cuando Nora Ungaro la llamaba: "cuñada". Se preguntaba si sus sensaciones habían despertado aquel día de marzo, en que habían estado bailando toda la noche en una peña del Bellas Artes, o si en esos meses del exilio en La Plata lo había buscado como refugio contra su soledad. Se sentía todavía más desprotegida desde la última semana de agosto: debió apartarse de su familia porque el Ejército había allanado la casa de la calle 63. La buscaban a ella pero se llevaron detenidos a sus padres por unas horas.

Encontró a Horacio en su casa, solo, concentrado en pintar sobre su delantal un ojo enorme y una gran lágrima. La clásica representación de la tristeza.

—*Creo que es mejor no vernos por unos días, fijáte lo que les pasó a los chicos del Nacional. Claudio piensa lo mismo.*

—*¿Te parece que se las tomarán con nosotros?* —preguntó Horacio.

—*¿Todavía no estás convencido?*

Horacio la observaba jugar con los pinceles.

—*Estás medio bajoneada, ¿no?*

—*Más o menos… Mis viejos no vinieron a la cita del domingo, espero que no les haya pasado nada.*

—*Mirá, no te calentés al pedo. Ya los tuvieron y los largaron. No tiene sentido que les sigan haciendo problemas. Dale, "cieguita", andá a cebar unos mates. Apenas venga mi hermana tengo que ir a atender el kiosco de mi vieja.*

Cucharita, yerba y azúcar que no le impidieron recordar el último encuentro con sus padres en la misa del Sagrado Corazón, en 9 y 58. ¿Había sido el último domingo de agosto? No, un poco antes. Después de ese día había conseguido hablar con ellos por teléfono, pero no era suficiente. Necesitaba tocarlos aunque tuviese miedo de ponerlos en peligro. Sí, había sido a mediados de agosto. Escucharon misa con aquella música detrás de los rezos: "Escucha hermano la canción de la alegría, en que los hombres volverán a ser hermanos". Su padre la había mirado con ternura, mientras ella se abrazaba a su madre con un llanto antiguo pero breve.

—*Mate sí, Ungaro* —gritó desde la cocina— *pero a cambio del libro que estás leyendo.*

—*Esperá que lo termine. ¿Estás segura de que no te vas a escandalizar con Politzer? Vos sos medio monjita…* —la provocó Horacio.

Nora Ungaro alcanzó a escuchar la discusión sobre el filósofo marxista desde el pasillo. Estaba acostumbrada a los jueguitos diarios de su hermano y María Clara, quien finalmente se resignó a esperar el libro unos días más. Atardecía cuando salieron juntos del departamento. Horacio hacia el kiosco de su madre y María Clara a la casa de "Tata" Matera. Ante ella debía seguir fingiendo que sus padres estaban en Bahía Blanca.

La enfermedad de su abuela, que decidió el repentino viaje de su madre a Punta Alta, había perturbado a Daniel. Vivía un momento especialmente inoportuno para sufrir ausencias definitivas o temporarias. Aunque en cuanto a su madre, el viaje tal vez le evitaba explicaciones. Las detenciones de otros estudiantes lo habían decidido a dejar su casa por algunos días. Su hermana Norma discutió esa resolución, intentando convencerlo de que se quedara, que nada sucedería; finalmente, se había resignado. Consiguió que una amiga suya le permitiera al hermano dormir en su departamento. Pero esa noche, Daniel no podía contar con el refugio. La amiga se había reconciliado con el novio y en un departamento de un ambiente no cabían los tres.

Había oscurecido cuando buscó a Horacio en el kiosco. Se entretuvieron comentando el partido que Gimnasia le había ganado a Independiente en la primera fecha del torneo nacional. Daniel insistía en que no podía faltar el domingo siguiente: Gimnasia, de local, frente a Temperley. Horacio estaba desganado. Aunque no lo percibía, el fútbol era su recurso natural para conjurar la inquietud.

No tenían otra alternativa, así que fueron a pasar la noche en el departamento de Olga de Ungaro. Apenas llegados se trenzaron en una disputa recurrente por esos días: sus respectivos méritos para el padrinazgo del hijo de Inés. [14] Ser tíos a esa edad era "un lujo". Nora intervino para calmarlos, con poco éxito. Terminaron trabados en una reñida lucha libre sobre la cama, como era habitual. Impotente frente a las risotadas y forcejeos, Nora les ofreció panqueques de dulce de leche a cambio del cese de hostilidades. Se los tenía prometidos desde hacía varias semanas.

Comieron desaforadamente, miraron dibujos animados, y luego terminaron de pintar, juntos, el ojo y la lágrima en el delantal. La idea había sido de Daniel. Ese ojo estaba en la reproducción del *Guernica* de Picasso que su madre tenía colgada en la peletería. Después de la cena, Nora fue a dormir al departamento de una vecina. Los chicos quedaron solos. Parecían contentos, a su edad aún podían distraer preocupaciones con panqueques de dulce de leche.

Panchito se sentía imprevistamente solo. Había pasado un par de días desde la última conversación con Claudia. El lunes, el doctor Falcone lo había acompañado a comprarse camisas y Claudia se había invitado al paseo, así, de paso, charlaban. Ella tenía ganas de dejar el Bellas Artes. No soportaba la presión represiva y el "discurso pro-milico" de algunos profesores.

En cuanto a Claudio, seguramente ese día había faltado al colegio porque no lo encontró en la esquina de 1 y 47. Los contactos con él se habían espaciado desde las detenciones en el Nacional. De Emilce Moler, que también venía a las reuniones en su casa, tampoco tenía noticias. ¿Qué estaba pasando?

Había perdido la tarde buscándolos. Cuando volvió al almacén, su familia se preparaba para el asado en la casa de los vecinos. Festejaban el mejorado de la calle de tierra. La comida duró hasta tarde. Como siempre, le pidieron que tocara su flauta o la guitarra pero Panchito se disculpó. Estaba desconcertado; no sabía qué hacer.

No se acostó inmediatamente. Su abuela Natividad lo escuchó pasear por el fondo de la casa, pateando piedritas.

Pablo no veía a los chicos de la UES desde fines de agosto, no sólo porque lo dificultaban sus horarios —trabajaba por la mañana y por la tarde iba a "La Legión"— sino porque la actividad conjunta había decaído mucho. Durante la semana había viajado a Las Delicias, en Entre Ríos, para tramitar su ingreso al colegio agrotécnico mientras tentaba su incorporación a los Astilleros Navales de Río Santiago. El martes 14 le confirmaron lo del astillero. Una suerte completa: podía dejar de estudiar, y trabajar en una fábrica naval como quería. Además, su nombramiento significaba que era "apto" para el régimen. Había llenado una ficha de la SIDE junto con la solicitud.

Como otra posibilidad, había tramitado la incorporación a una empresa algodonera del Chaco, que lo becaría en el colegio agrotécnico durante tres años y posteriormente lo enviaría al norte a trabajar como técnico en cultivo de algodón. Su padre festejaba; por fin había sentado cabeza.

Ni la ficha de la SIDE ni "sentar cabeza" les importaban a quienes tenían otros planes para su futuro próximo.

Esa mañana, Claudio debía repartir volantes antes de entrar a clases. Si Olga de Acha se quedó dormida y no lo despertó, fue porque, en el fondo, quería impedírselo. Claudio no se lo reprochó aunque estaba molesto por haber faltado a su compromiso. Como era habitual cuando no iba al colegio, cuidó a su hermano Pablo y estuvo practicando jueguitos con la pelota, solo en el fondo. De cualquier manera, no sentía deseos de salir de su casa.

Lamentaba no haberse encontrado con Panchito en los últimos días; se hubieran animado mutuamente. Lo del Nacional había sido grueso. El 1 de agosto habían detenido a Pablo Pastrana de la FJC por 24 horas. Lo golpearon duro para que informara sobre las actividades y los miembros del centro de estudiantes. Si a Pastrana, que tenía 15 años, lo habían tratado así, la edad no protegía de las palizas. Lo del 1 de setiembre alimentaba su preocupación. El interrogatorio a Krause, Pastrana y Marcaciano había terminado en secuestro.

Al atardecer fue a telefonear a una casa cercana. La vecina estaba excitada porque su gata tendría cría de un momento a otro. Conocía la pasión de Claudio por los gatos y también la oposición de su madre a que tuviera alguno en la casa.

—Te prometo uno apenas nazcan.

—No, mi vieja no quiere.

—Cómo no, la vas a convencer.

Permanecieron un rato largo hablando sobre gatos. Apostaron al parto esa misma noche o a la mañana siguiente.

Regresó a su casa para la cena. Cuando sus hermanos se durmieron, se sentó cerca de su madre y escuchó *Pato trabaja en una carnicería*. Moris le gustaba tanto como Los Beatles. Se identificaba más con sus letras y las del flaco Spineta que con las de Joe Cocker o John Lennon.

Se acostó cerca de medianoche, con *La condición humana* de André Malraux. A poco, se rendía al agobio de esos días de tensión. El libro quedó cubriéndole la cara.

La pesadilla

"Detrás de las paredes
que ayer se han levantado
te ruego que respires todavía.
Apoyo mis espaldas
y espero que me abraces,
atravesando el muro de mis días.
Y rasguña las piedras,
y rasguña las piedras,
y rasguña las piedras
hasta mí."
Charly García - Sui Generis
.

LA NOCHE DEBAJO DE *EL DIA*

EN LA MAÑANA DEL VIERNES 17 de setiembre, Pablo repasó las páginas del diario *El Día*, por segunda vez y ya con escasas esperanzas. Sobre la suerte de los chicos, nada. En primera plana, a cinco columnas, la declaración inicial del Consejo Federal de Educación reunido en Tucumán: "El Estado está inserto en un orden cristiano y debe proteger la esencia de la nacionalidad, las instituciones, la paz, el orden, los símbolos nacionales, la moral y la integridad de la familia". De acuerdo a las noticias que había recopilado durante el día anterior, no correspondía al Estado extender esa protección a sus compañeros.

El día 16 tenía transcurrido sólo treinta minutos. Rosa Matera se acomodaba al sueño leve de sus setenta y ocho años, cuando escuchó los primeros golpes en la puerta, en seguida otro sobre los muebles heredados de sus padres, los pasos duros en el living y las voces extrañas. Encontró fuerzas para salir de su dormitorio y gritó con las entrañas, porque sus pulmones estaban enfermos, para impedir que los seis o siete hombres maltrataran a María Clara y a Claudia. La

159

empujaron con las armas hasta su cama, pero se repuso y volvió a escuchar el interrogatorio. Vio las cabezas gachas de las chicas, vendas en sus ojos. Entonces la encerraron y ataron al picaporte. Las frases le llegaron a trozos. Luego, silencio. Se arrastró hasta la ventana y vio a Claudia y a María Clara forzadas a subir a un camión del Ejército. El living había quedado desierto. Sólo unas láminas y el collage inconcluso sobre la mesa. Apenas llegaron el doctor Falcone y Nelva Méndez, avisados por el portero, al departamento del sexto piso de la calle 56 Nº 586, Rosa se desmayó. [15]

El almirante Isaac Rojas había celebrado en el Luna Park otro aniversario de su golpe contra Perón. Más adelante, la página de espectáculos. No era habitual insertar allí noticias sobre detenciones de estudiantes, pero Pablo quiso asegurarse. David Niven en *Tigres de papel* y Vittorio Gasman en *Nos habíamos amado tanto* brillaban desde la nómina de películas. En otra ocasión se hubiera detenido a considerar cuándo las vería: le gustaban los filmes románticos. Al costado, la reposición de *Yo tengo fe*, de Palito Ortega, la programación de televisión y los horarios de funciones del circo Eguino Bros.

Las dos y treinta y cinco. El grupo encapuchado irrumpió en el Nº 2539 de la calle 73 al grito de "¡Ejército Argentino, entreguen las armas!". Se abalanzaron sobre Ignacio Javier de Acha y Olga Koifmann que estaban acostados y los empujaron hasta la pared de la cocina: "Los libros, ¿dónde están los libros y las armas?". "No tenemos armas, y los únicos libros son los de los chicos, de la escuela", balbuceó Olga.

El pequeño Pablo había quedado hipnotizado por el cañón de una de las armas. "Por favor, tengan cuidado, está recién operado del corazón, tiene sólo tres años." "Señora, no complique las cosas", advirtió uno de los encapuchados. "¿Quién es ésta?", preguntó por Sonia, de 11 años. "¿Y éste, qué hace?" "Es Claudio, va al bachillerato, al Colegio Nacional", contestó Ignacio de Acha. "Bien, debemos llevarlo por razones de seguridad del Ejército." Olga vio cómo lo arrastraban en ropa interior por el pasillo, gritó que la dejaran alcanzarle un pantalón y lo besó y acarició apenas.

Eran las cinco de la mañana cuando los de Acha atravesaron plaza Italia, y se detuvieron un segundo para abrazarse y llorar. [16]

¿Qué hacer? Después de lo de la madrugada del 16, sentía miedo de ir al colegio y también de quedarse en su casa. En un momento, se le había ocurrido preguntar por los chicos en las comisarías pero inmediatamente se asustó de su atrevimiento. El impulso de acudir a su padre aumentó su inquietud, y lo descartó.

Al anochecer fue a la estación de servicio donde trabajaba uno de sus amigos del barrio, en 13 y 520. Que lo ayudara a pensar cómo sobrevolar esos días hasta que la tormenta amainara.

Las cuatro y cuarenta. Calle 116 Nº 542. Olga Fermán de Ungaro pidió tiempo para vestirse a los ocho hombres del Ejército que querían entrar, y se desesperó hasta el cuarto de Daniel y Horacio para avisarles. Los chicos tuvieron tiempo de desprenderse del arma que escondían debajo de la almohada: el libro de Politzer, que voló por la ventana. Prisionera en la cocina, Olga escuchó el interrogatorio y los golpes. Horacio y Daniel repetían que no sabían nombres, que no conocían a las personas por las que preguntaban los encapuchados. Le dijeron: "Los llevamos para interrogarlos. Más tarde se los devolveremos, señora". Y escuchó cómo los arrastraban desnudos por las escaleras. Cada escalón le desgarraba el pecho, desde el quinto piso hasta la planta baja. [17]

Se les ocurrió que la misma estación de servicio podía servir de escondite. Juntos, la revisaron de arriba a abajo. Pronto se desanimaron; no había huecos en las paredes, la oficina era de vidrio transparente y el foso para coches demasiado peligroso. Tomaron mate un largo rato, hasta que una idea salvadora les despejó la angustia. ¿Quién sospecharía que dentro de una expendedora de hielo Rolito estaba durmiendo un hombre?

Pablo tendió la frazada sobre el colchón de diarios, dentro de la expendedora. Acostado, acarició la idea de que estuviera en servicio. Podría copiar a aquellos famosos de Hollywood que pagaban montañas de dólares para ser congelados y revivir luego de años de vida latente. El sólo necesitaba que pasaran esos días.

Ese domingo 19, desde el suplemento de *El Día*, el astrólogo Horangel vaticinaba: "El país tiene un porvenir muy destacado en 1977 (…) y entra como un balazo en 1980". Pablo no hubiera podido percibir la trágica literalidad de "como un balazo" porque la muerte, en la adolescencia, es ajena. De otra manera, hubiera sentido el tiempo suspenderse y un muro delante de su historia. Pero no leyó la predicción, preocupado por lo que haría al día siguiente.

Las cinco de la madrugada. Después de rajar a culatazos la puerta del Nº 2123 de la calle 17, los seis hombres uniformados con ropa de fajina del Ejército, sólo dos a cara descubierta, le exigieron a gritos a Irma Muntaner de López que los llevara hasta sus hijos. Los precedió, encañonada, por el pasillo lateral de la casa. Cinco autos grandes en la puerta y hombres parapetados en los techos. Supo que buscaban sin precisiones cuando entraron al almacén donde dormían Panchito y Víctor.

"¿Dónde están las armas?", preguntaron. Panchito negó que las tuvieran, pero insistieron: él debía tener asignada una.

El grupo que se había desplazado para revisar el resto de la casa regresó frustrado: ni armas ni volantes. Como machacaban con la acusación de armas escondidas, Panchito les señaló el ropero que compartía con su hermano. Encontraron un rifle de aire comprimido, viejo y partido en dos, y una pistola de aire comprimido, pero nueva. "¿Nos estás cargando?", gritaron furiosos. "Nos lo tenemos que llevar, señora. Cuando conteste lo que queremos saber se lo devolvemos." Panchito se atrevió: "Es que yo no sé nada". "Entonces, pibe", amenazó uno de ellos, "atenete a las consecuencias".

Irma les rogó que lo dejaran vestirse. Vio cómo sacaban un pulóver y un pantalón azul del ropero. Trató de seguirlos pero la amenazaron con una ametralladora. Apenas desaparecieron corrió a la casa de Luis, su hijo mayor, que era quien más la preocupaba. A Panchito ya se lo devolverían. [18]

¿Cuánto tiempo resistiría sin actividades, con la angustia del futuro, visitando sobresaltado a su gente? En la tarde del 20, Pablo regresó a su casa y habló con su padre sobre su actividad estudiantil y el secuestro de los chicos. El profesor opinó que nada grave podía pasarle, que permaneciera en casa, que después de todo él no había cometido ningún delito. No logró tranquilizarse.

Hizo una ronda por las casas de sus amigos y terminó cenando en lo de "Bachicha", como le decían a su amigo Juan Diego Reales. Comió como nunca.

—Mirá —bromeó con Diego—, *creo que de esta noche no paso, así que prefiero estar con la panza llena.*

A las cuatro, la primavera irrumpió armada en el N° 435 de la calle 10. Daniel Díaz se asomó por la ventana de la planta alta respondiendo a los culatazos sobre el portón de entrada.

—Dejá —le gritó Pablo—, *me vienen a buscar a mí.* Bajaba la escalera en ese momento subiéndose los pantalones.

Los ocho hombres con pasamontañas cubriéndoles la cara vestían ropas diversas; algunos, bombachas del Ejército. Lo empujaron y le apoyaron una pistola en la nuca, mientras obligaban al resto de la familia a tirarse a su lado. Lo intimaron a entregar lo que tenía escondido.

—*No entiendo, yo no escondo nada* —respondió Pablo.

Los escuchó identificarse como Ejército Argentino. "Después me dijeron que habían robado, que se habían llevado un bolso de mi hermana, una cámara fotográfica, una joyas de mi madre. Al living entró el hombre que daba las órdenes, lamentándose de que en la casa no había nada especial. Un señor de cuarenta y cinco años, canoso, a quien posteriormente por fotos pude reconocer como el comisario Vides."

Lo arrastraron hasta la puerta y lo tiraron dentro de uno de los cuatro coches, sobre alguien que ya estaba boca abajo, encapuchado.

Imaginó a los vecinos cerrando sus ventanas y dejándolo solo cuando los secuestradores gritaron: "¡Bajen las persianas o tiramos!", y esa representación ahondó su miedo. "¿A dónde me llevan?", balbuceó, y recibió un culatazo seco en la espalda.

Cerca de media hora más tarde y después de una travesía por la ciudad, frenaron frente a un portón. "Me mostraron después un croquis y creo reconocer que era Arana. Se decía campo de concentración Arana."

Pablo era el último de los marcados. La jaula de *La noche de los lápices* se había completado. Hacía frío, amanecía.

Era martes 21, Día del Estudiante.

LOS DUEÑOS DE LA MUERTE

El coche se detuvo en un espacio abierto. Lo bajaron a empujones y lo tiraron, atado y encapuchado con su pulóver,

164

en una especie de hall. "Quedáte tranquilo. Ya vamos a hablar", le decían voces alternadas. Temblaba y transpiraba a pesar del frío de la madrugada. "Ahora me piden documentos, me toman las huellas y me largan", intentaba tranquilizarse.

Se inclinó hacia atrás para poder observar el lugar por debajo del pulóver. Una pieza pequeña, desnuda, con una puerta de hierro con mirilla y dos ventanas clausuradas. Se asustó cuando le sacaron con rudeza el pulóver y le colocaron una venda de tela roja, algo traslúcida.

—*¿Vos en qué andás?* —le preguntó el cuarentón canoso.

—*No sé dónde estoy* —tartamudeó.

—*Vamos, ¿cuál es tu grado en la guerrilla? ¿En qué organización estás?*

A través de la venda intuía los contornos. Entre ellos no se llamaban por sus nombres. Uno lo mantenía parado frente al canoso. Su garganta se contraía, filtrando una voz cortada.

—*¿Cómo funcionan en tu colegio? ¿Vos qué hacés ahí?* —insistió el canoso.

—*Yo estoy en el centro de estudiantes* —reconoció.

—*Pero hacen circular revistas, ¿no? ¿Qué revistas leés?*

—*No, no... no leo nada.*

Trajeron a otro secuestrado, también atado y vendado. Sin hacerle saber que él estaba ahí, le ordenaron que hablara sobre Pablo Díaz. Contestó que era un chico que estaba en el centro de estudiantes de "La Legión", simpatizante de la Juventud Guevarista, y que había participado en las movilizaciones por el boleto secundario. Que no sabía nada más.

Cuando se lo llevaron, sentenció el cuarentón:

—*Te salvaste. Aunque sólo vas a vivir si yo quiero.*

Después, el dios lo mandó tirar como un fardo en un calabozo.

"Ya era de día, no sé, ahí uno se daba cuenta cuando era de día o cuando era de noche por las torturas, casi siempre de noche, cuando no se podía visualizar la luz y empezaba a escuchar los gritos de las mujeres. Entonces uno se daba cuenta de que había llegado la noche."

Oyó disparos y silbido de balas varias veces durante el día. Sabía que estaba en las afueras de la ciudad pero no lograba reconocer el olor a carne chamuscándose que entraba a ráfagas por las ranuras. "¿Qué quemarán?" Aún no sabía.

El ladrido de los perros, lo confirmaría después, anunciaba la noche. La puerta se abrió rechinando. Lo arrastraron entre dos policías (podía distinguir la ropa de fajina y el ruido de los borceguíes) hasta una pieza, lo desnudaron aunque se resistió, y lo tiraron sobre un catre húmedo.

—*Ahora te damos una sesión para que no te olvidés* —le anunciaron mientras lo vendaban con una cinta resistente, opaca. Lo sumergían en la nada.

Respiró cuando escuchó decir que le darían con la máquina de la verdad. Eso estaba bien, quería que la trajeran rápido, que el aparato que usaban en las películas policiales moviera su aguja de un lado a otro. Así se darían cuenta de que no mentía. "Seguro que después me largan."

—*Sí, que traigan la máquina* —gritó.

Lo picanearon en los labios, en las encías, en los genitales. Y subía el olor a su carne quemándose, hinchándose violenta. Ahora sabía.

—*Dále, decínos el nombre de un chico y te dejamos* —escuchó a uno.

—*¿Así que querías ser agrotécnico para servir a la patria?* —se divirtió otro.

En sus gritos no había nombres. No se los daría.

—*Si vas a cantar, abrí la mano.*— Cerraba los puños para resistir.

—*Dále, un chico, el nombre de un chico.* —Y la pregunta se repetía invariable e incansable—: *Vamos, el nombre de un chico...*

Se olvidó del tiempo.

Cuando lo dejaron en el calabozo, desnudo y vomitando, lo único que quería era agua.

—*Si te damos agua, reventás como un sapo, pibe* —le dijeron los guardias.

Por los gritos, por el movimiento de los coches y los ladridos, reconoció otra noche. ¿Habían pasado dos días completos? No dejaron que durmiera tranquilo.

Lo llevaron ante un escribiente que no reparó en que tenía la venda corrida y podía espiar. Vio la máquina de escribir, los bigotes espesos y el uniforme de policía de la provincia.

—*A ver, me vas a contar todo lo tuyo* —dijo el escribiente—. *Desde que naciste.*

Y no supo por qué raro impulso fue exponiendo su corta historia ante ese extraño. De modo desprolijo, a borbotones. Fragmentos triviales y episodios queridos. Habló de la infancia, del secundario, de su familia. Y el nombre de cada uno de los suyos era un ahogo. Como un huérfano reciente, extrañaba el calor de cuerpos conocidos.

Lo obligaron a firmar sin leer la declaración y lo devolvieron al calabozo. Ellos no sabían que al obligarlo a recordar su historia le habían permitido atrapar imágenes de amor. En ese ensueño se adormeció. No importaba que hiciera frío, que tuviera puesto sólo un pantalón y hubiera perdido los zapatos.

Gritó como nunca por el pasillo largo mientras lo arrastraban a la pieza mugrienta donde se fundían en un hedor único la perversidad y la carne quemada. Otra vez los hombres sobre él. El aliento contenido, la picana perforándole la piel, los músculos, la boca siempre abierta y el dolor en oleadas.

—*No te vas a meter más, pendejo. Ya vas a ver.* —Y una descarga.

Abría y cerraba las manos para que pararan, pero no había nombres. Lo giraban en el catre, arriba, abajo... Olor a mierda, olor a mierda. Abría las manos pero no había nombres.

—*¿Así que querés jugar, hijo de puta?*— Otra descarga.

Como un bramido, escuchó: *Traéme la pinza.* Y sintió un tirón brutal en un pie, que su grito no pudo cubrir.

—*¡Me quiero morir, me quiero morir! ¡Por favor, basta, basta!* —y sus alaridos se resolvieron en sollozos—. *Por favor..., ¡mátenme!*

Se despertó en el calabozo, ensangrentado, y palpó el vacío de su uña arrancada. La vida y la muerte, el delirio y el tormento se mezclaban como en una pesadilla.

Al tercer día, logró saber algo más sobre los otros detenidos. "Por los nombres pude escuchar que ahí estaban Víctor Treviño, Walter Docters, Néstor Eduardo Silva y su novia, a quien le decían 'la negrita', y José María Schunk, al que le decían 'Carozo'. Había una chica que le decían 'la paraguaya'; ellos se jactaban de que hubiera muerto allí. Se jactaban, digo, porque decían: *Se murió, tirála a los perros. Se te murió a vos*, dijo uno, *enterrála*. Pienso que la llevaron al mismo lugar donde me torturaban a mí; ella gritaba. Después vino ése que dijo: *Tirala a los perros.*" [19]

Fue esa noche, o la siguiente, que vino un sacerdote a ajustarle los nudos de la venda y a decirle que se confesara porque lo iban a fusilar.

—*No, padre, que no me maten. Por favor, avise a mi casa, dígales dónde estoy.*

—*No te hagás el tonto, confesáte. ¿En qué andabas?*

—*Sólo en lo del boleto escolar, en el centro de estudiantes... en serio, por favor, padre.*

—*No te preocupés, te mandamos a un lugar donde vas a estar mejor que acá.*

Lo sacó del calabozo y lo arrastró hasta un muro. Quedó temblando de espaldas al paredón. No estaba solo, había un grupo de chicas que gritaban "¡mamá, mamá, me van a matar! ¡Mamá!". Una voz de hombre que repetía "¡viva la patria! ¡vivan los Montoneros!".

Sonaron las descargas. ¿De dónde le brotaba sangre? Lentamente fue recuperando su cuerpo —el pecho, la cabeza, el vientre—; no había sangre, no estaba muerto.

El terror había congelado los gemidos. Hasta que una voz quebró el silencio:

—*¿Se cagaron, eh? Esta vez se salvaron... Y a vos, ¿te gusta gritar Montoneros?, ahora te vamos a hacer gritar, hijo de puta.*

"Habían pasado, yo calculo, cinco o seis días. Podían haber sido siete, no sé muy bien, pero yo había entrado el 21 de setiembre."

Una noche lo trasladaron. Para entonces, ya sabía que el lugar que dejaba era Arana, la División Cuatrerismo de la Policía de la Provincia de Buenos Aires, dependiente de la Comisaría 5º de La Plata, en 137 y 640. También, que uno de los jefes era un tal subcomisario Nogara.

SOY PABLO DIAZ

Ahora estaba amontonado junto a catorce o quince personas dentro de un micro, atado y vendado, cubierto con una remera que no era suya. ¿Qué pasaría en la ciudad?, ¿su familia lo estaría buscando? Su padre estaría muy jodido. Su padre... Extrañaba aquella cama improvisada dentro de la expendedora Rolito.

En aquellos días, cuando Pablo soñaba con hibernar como Walt Disney, Saint Jean visitaba la República de los Niños.

El general se trasladó con una corte de funcionarios a supervisar los trabajos de reparación y conservación de la ciudad. Recorrió el pequeño puerto que reconstruía la Marina de Guerra, el estadio, el cine, la casa de los muñecos, el desolado Palacio de Justicia. En realidad había ido a controlar la remodelación del edificio destinado a mostrar a los chicos las "gloriosas" actividades del Ejército Argentino.

El motor en marcha hizo que Pablo regresara al miedo. Uno de los guardias se sentó sobre su espalda. Estaba acostumbrándose a calcular los trayectos con un reloj imaginario. "No es tan fácil irse del tiempo", pensó. Esta vez había viajado el triple que la vez anterior, cuando el destino era Arana. En el vaivén; su cuerpo tocaba otros, gente acostada boca abajo como él. Nadie decía una palabra. Escuchó que abrían y cerraban un portón cuando el micro se detuvo; la marcha lenta y después un breve giro a la izquierda.

—A ver, vamos, abajo. Vos, vos... — dijo uno.

No se movió hasta que lo tironearon fuerte de la remera (lo obsesionaba saber a quién pertenecía), y gimió por el sacudón de su cuerpo ablandado por la picana, débil. Había escalones, y el individuo que lo sostenía no soportaba su peso muerto. "Este se me cae", maldecía. Calculó que habían subido un piso, unos pasos cortos en un entrepiso, otro piso, y que estaban en la parte más alta porque el calor crecía y la sensación de encierro también.

Lo tiraron dentro de un calabozo y la puerta de hierro se cerró, pesada. Escuchó ruidos iguales de otros cerrojos, sellando la oscuridad. El silencio posterior le confirmó que los guardias se habían ido. Alguien gritó.

—*Soy Ernesto Ganga, no tengamos miedo, somos todos compañeros*.

El eco retumbó en la galería de calabozos.

—*Soy Pablo Díaz* —contestó.

Los demás nombres se escucharon en distintos tonos, en rosario, como cuando pasaban lista en la escuela.

"Empezamos a hablar de dónde estábamos. Creíamos que en la Brigada de Investigaciones de Banfield. Allí estaban Graciela Pernas, Horacio Ungaro, que tenía 17 años, María Claudia Falcone, de 16, Francisco López Muntaner, de 15, Daniel Alberto Racero, creo que tenía 18 años, Claudio de Acha, que tenía 17, pero después me dijo que el 21 de setiembre había cumplido 18. Espero no olvidarme de ninguno: María Claudia Ciocchini y Osvaldo Busetto."

En los espacios que les dejaba el cambio de los tres turnos de guardia, intentaron explicarse por qué estaban allí. Por los interrogatorios, se convencieron de que el motivo era su participación en la lucha por el boleto escolar. Los torturadores querían saber qué hacían en el centro de estudiantes, por qué pedían un boleto secundario, qué grados tenían en las organizaciones guerrilleras, el nombre de su responsable y sus nombres de guerra. Después se habían conformado con pedirles "el nombre de otro chico". En ese único tema se fueron los primeros días.

No les dieron de comer durante toda la semana, pero el hambre compartido parecía menos hambre. A pesar de la soga al cuello y las manos atadas a la espalda, el cuerpo llagándose sobre la baldosa fría y rota del calabozo, de la penumbra quebrada por un hilo de luz. El terror era permanente, apenas conjurado a ratos por el recuerdo de cosas compartidas antes. Faltaba establecer un código clandestino porque no siempre era posible comunicarse a gritos.

171

Lo propuso otro secuestrado, Néstor Silva, el día en que a Pablo lo confinaron toda la noche en el anteúltimo calabozo de la galería, inundado por diez centímetros de agua.

Pablo repitió: "Un golpe, la A; otro, la B; tres, la C…"

—*Caminá, loco* —le gritaba Néstor—, *si no te vas a morir de frío. Yo golpeo todo el tiempo para que no te duermas.*

Había cinco pasos desde la puerta a la pared y, esa noche, Pablo contó más de treinta mil.

El pozo

Hacía más de dos meses que le habían cambiado la venda por unos algodones sostenidos con cinta adhesiva. Los ojos le picaban y la supuración formaba una masa gomosa con los algodones y las pestañas. A pantallazos, había aprendido a reconocer el lugar, cuando se atrevía a levantar la venda sobresaltado por el llanto nocturno de las mujeres, que gritaban "mamá", y los pasos de la guardia.

Por la mirilla de su calabozo recorría el mapa de ese infierno quieto, perturbado por los traslados, los cerrojos, los gritos, donde los días eran iguales a las noches: una tumba de pasillos y ventanas tapiadas. A veces, el timbre del teléfono en alguna oficina cercana le mentía sobre la existencia de un mundo exterior.

¿Cuántos kilos había perdido? ¿Cinco, seis, diez? Del pelo de su barba le subía, pegajoso, un olor rancio.

Estaban en un pabellón con dos galerías, y el techo coincidía con el de los calabozos. Probablemente, sobre sus cabezas estaba la terraza. Veía un ventiluz tapiado a medias con alambres cruzados, y en el corredor tres ventanas de paño fijo, formando cuadrados de vidrio sobre las paredes blanqueadas a la cal. Al final del pasillo estaban los baños con piletones de

Pozo de Banfield: corredor de calabozos

cemento; una pared dividía los correspondientes a cada galería. En el otro extremo, puertas enrejadas y el banco donde la guardia se sentaba a vigilar el depósito de secuestrados. "De aquí no se escapa nadie", pensó.

Contó doce calabozos en cada galería. Por lo que pudo observar, dieciocho estaban ocupados; el resto parecía destinado a los detenidos en tránsito.

En el primero de su fila estaban Graciela Pernas y Alicia Carminatti; después venía el suyo, que a veces compartía con José María Noviello. Al lado, Osvaldo Busetto. Seguían: Ernesto Ganga, una embarazada [20], "la negrita" y otra embarazada [21]. Dos calabozos libres y el de Néstor Silva; después el calabozo inundado, cercano a los baños. En la hilera de atrás estaban, en orden: Víctor Carminatti y María Claudia Falcone, que a veces cuidaba a una embarazada [22]; un calabozo para tránsito, luego Panchito López Muntaner, y al lado María Clara Ciocchini, que compartía la pared con Daniel Racero. En las tres celdas siguientes estaban Claudio de Acha, Horacio Ungaro y otra embarazada. Seguramente ésa sería la disposición definitiva porque en las puertas de las celdas habían colgado cartelitos con el nombre de cada uno.

¿El orden tenía que ver con la militancia de los prisioneros? De un lado habían encerrado a todos los peronistas.

UN HOMBRE

"Un, dos, tres, arriba, respirar." No querían pensar en cosas dolorosas, así que decidieron hacer gimnasia. Y cantar. A veces, Pablo hacía coro con Claudio o con Panchito y María Claudia; era tan desafinado que terminaban a las carcajadas. Si la moral bajaba se iban a la mierda o, lo que era peor, desaparecían del todo. Daniel no siempre se plegaba al canto. Caía en silencios prolongados y podía pasar horas y hasta un

174

día entero sin hablar. "¿Qué te pasa, 'Calibre'?", le preguntaban. "Nada, nada. Estoy medio bajoneado", escuchaban bajito. Después, como si despertara, hablaba sin parar y hacía chistes.

Las chicas también se deprimían, sobre todo en las noches. Panchito, en cambio, estaba siempre parejo de ánimo, y Claudio, tan tímido fuera, era quien más conversaba; sostenía a los compañeros. Cuando permanecía en silencio, seguro que estaba recordando una película o episodios de alguna novela. El era así, decía.

"Para mí", recuerda Pablo Díaz, "el hombre en serio del pabellón era Osvaldo Busetto. No porque fuera un duro del ERP, como decían los guardias con bronca o respeto, porque no les había dado datos ni nombres en la tortura. El discutía políticamente todo, les decía que aunque lo mataran no triunfarían sobre el pueblo. Con nosotros, en cambio, era como un hermano mayor de treinta y tantos años."

A Busetto lo habían detenido en 7 y 54, donde debía encontrarse con otros compañeros. Vio movimientos raros y trató de escapar. Le pegaron dos tiros en una pierna y uno en el estómago. Lo secuestraron herido, lo operaron en el Hospital Naval de Río Santiago y después lo tiraron allí, aunque a la prensa le dijeron que había muerto en combate.

Le habían dejado unos clavos en la pierna y una cicatriz llena de pus en el estómago.

—*Ché, vení* —le ordenó a Pablo el médico petiso con traje a rayas—. *Tenés que cuidar a ese bofe de Busetto.* [23]

Pablo se levantó. El traje a rayas lo sostuvo del brazo y lo trasladó al calabozo de al lado, con un balde y un trapo de piso.

—*Cuando yo cierre la puerta* —le indicó— *levantáte la venda y limpiálo.*

¿Cómo podría limpiarlo con eso? Busetto lo espió.

—*No te preocupés, Pablito. Vos dále nomás y si grito*

mucho le hacemos una joda a los chicos para que se crean que me están torturando.

Le alivió el susto cuando Osvaldo empezó a aullar como si fuera una broma. Primero se escuchó gritar a Claudio y enseguida a las chicas.

—*¿Qué te hacen, Osvaldo? ¿Qué te hacen?*

Inmediatamente sonaron las famosas risotadas de Panchito, que había descubierto la trampa.

En esos días de enfermero, Osvaldo le repetía que la lucha había sido justa; que los milicos no serían eternos; que había que resistir el encierro. "Sobre todo ustedes, que son unos perejiles lindos. Por eso van a salir", lo alentaba. El necesitaba creerle.

En tanto tiempo los habían llevado una sola vez a ducharse, desnudos y vendados, todos juntos. A ellas les quedaban los corpiños y las bombachas harapientas. A él, sólo el elástico del calzoncillo con un taparrabos de tela sucia. Mientras se bañaban habían aprovechado para tocarse las manos y darse ánimo en voz baja: "Ya vamos a salir".

La soga en el cuello les ahogaba el deseo, y habían perdido la vergüenza por la desnudez. Pero mantenían el pudor, el asco y las ganas de vivir.

LA VIDA

En los calabozos habían ido agregando a seis embarazadas, dejándolas al cuidado de los chicos. Ellos decidieron que la ración de pan se la darían a ellas y a Osvaldo. Una tarde llegó el médico petiso y arrastró a Pablo a otra celda.

—*Esta va a tener, lo que tenés que hacer cuando empiecen las contracciones es tomarle el pulso. Y griten todos, que la guardia va a subir.*

Sin más precisiones, se fue.

¿Qué?, pensó Pablo. Si él no sabía nada de pulsos ni contracciones. Se quedó frente a la mujer desnuda, que se retorcía.

—¡*Pablo! ¡Pablo! ¡Ya viene! ¡Ya viene!*

—¡*Calmáte, calmáte! Por favor...*

Le pasó la mano por la frente, la acarició. Y su cuerpo tembló al ritmo del cuerpo de la parturienta sobre la baldosa.

—¡*Me sale mi hijo, Pablo! ¡Me sale mi hijo!*

Sus gritos llenaban la galería.

—¡*Chicos, chicos!* —golpeó con desesperación la puerta—. ¡*Griten, griten, que ya nace!*

Se escuchó un coro a destiempo: "¡Guardias, guardias!", que no paró hasta que subieron con una chapa como camilla, la cargaron y se la llevaron arrastrándola por las escaleras.

Después de unas horas, se escuchó el llanto del bebé; cuando subieron los guardias, ellos supieron que había sido varón. A partir de ese día —también a Claudia le había tocado atender un parto—, los sorprendió el secreto de la vida.

Una vida que ahí dentro había decidido ser sobreviviente. Madres y bebés que no volverían a ver nunca.

LA RISA Y LOS CERDOS

"Desde el cumpleaños de Graciela Pernas, el 9 de diciembre —me acuerdo bien porque pude ir de cuerpo después de más de dos meses—, empezaron a darnos unos guisos grasientos una vez por día. Supongo que para mantenernos vivos, para maniobrarnos mejor y que no nos desplomáramos como bolsas de papas."

Para comer los sacaban al corredor y los sentaban de espaldas a las puertas frente a unos bols de plástico, como perros atados o mendigos. A los que no podían moverse los tironeaban de la soga del cuello.

177

En una de esas comidas, Pablo dio la nota cómica. La risa de los chicos le recordó, en medio de esa cotidianeidad absurda, que un hilo de humor los ligaba a la vida.

—¿*Quién quiere repetir?* —había gritado el guardia.

—¡*Yo, yo, yo… por favor!* —contestaron todos.

Hubo otra ronda de un cucharón con grasa para cada uno.

—¿*De quién es el bol verde?* —se escuchó.

—*Mío* —dijo Pablo. Y recibió un cachiporrazo que lo volteó.

—*Así que sos vivo y te levantás la venda.*

Resonaron varias carcajadas en la galería:

—¡*Qué boludo…!*

Ya habían terminado de comer y seguían bromeando. "Cómo te pisaste, viejo. ¿Así que sos vivo?", imitaban a los guardias. Y bueno, que lo cargaran. ¿Lo suyo era un torpeza? Después de todo había podido burlarlos levantándose la venda y a veces, hasta desatándose.

¿Fue esa noche u otra lo de María Clara? No lo recordaba, pero le había dolido escuchar ese clamor desgarrado. A las chicas siempre las encerraban después que a los varones cuando terminaba la cena. Para manosearlas. Apenas los habían dejado en las celdas oyeron sus gritos: "¡No me toque más! ¡No me toque más! Me mato… me mato…", y se golpeaba la cabeza contra la puerta. "¡No, pará, pará…!, ¿qué estás haciendo?, ¿estás loca?", se escuchaba desde cada calabozo.

Pablo hubiera querido calmarla, acercarse para acariciarla y que pudiera dormirse. Después, mezclada con el llanto de María Clara, escuchó la bronca entredientes de Osvaldo: "Son unos cerdos hijos de puta, unos cerdos…".

178

Hablaban muchas veces de lo que harían cuando salieran del Pozo. No era posible que por el boleto escolar los tuvieran mucho tiempo encerrados. Pablo había programado con Horacio, con "Calibre", con Claudia, con todos los chicos tomarse unas buenas vacaciones; quién sabe si volverían al colegio. Y ni pensar en hacer política por mucho tiempo.

Como de la Navidad se esperan cosas buenas, presintieron que en Nochebuena, a más tardar en Año Nuevo, los dejarían en libertad. "Era bárbaro como hacíamos planes para después: primero los viejos, la familia, pasear por la ciudad, el cine, los amigos, ver la luz. 'Y tomarse cervezas en el Astro', decía 'Calibre'. Y nos enganchábamos todos en la imagen de la espumita subiendo, espesa, en el balón. Una cerveza o cualquier cosa al aire libre, cuando volviéramos a circular, limpitos y con la panza llena entre la gente común."

En lugar de la libertad, esa Nochebuena no les dieron de comer. Les dejaron un poco de agua en los jarros sucios, y los guardias se despidieron recomendándoles, paternales, que pensaran en sus familias a la hora del brindis.

Fue María Clara la que propuso un rezo conjunto. "Ahora se arma", pensó Pablo.

—*Decíme para qué* —gritó Horacio—. *Si Dios existiera nos sacaría de acá.*

—*No digás eso* —intervino Claudia desde su calabozo—. *Hay gente que piensa que Dios sirve porque luchó por los pobres. Y aunque no vaya a misa...*

"Calibre" la estaba interrumpiendo, pero no se le entendía.

—*Hablá claro, ¿qué te pasa?*

—*Que Dios está distraído.*

—*No tanto como vos* —ironizó María Claudia.

No se escuchaba, como otras noches, el ruido de motores

en marcha o de coches entrando y saliendo. Ni los perros ladraban ese día.

—*Yo no digo que Dios exista, no lo puedo afirmar* —siguió Claudia—, *pero en la villa de 19 y 527 hay un cura que es un ejemplo. Trabaja con la gente, y la gente lo quiere y le cree.*

Pablo no intervino en la discusión. No tenía demasiado que decir, todavía. Estaba incrédulo después de lo que había pasado, aunque a veces rezaba y pensaba en un Dios salvador. Si estuviera seguro de que lo escuchaba...

—*Ché, ¿y no es mejor si cantamos algo?* —dijo.

—*Yo digo que Dios es un facho* —insistió Horacio, que no quería terminar la discusión.

—*No nos vamos a poner de acuerdo. Yo sí creo* —se escuchó enojada a María Clara—. *Además, es cierto que hay gente como monseñor Plaza, pero también estuvo el padre Carlos Mugica. Yo aprendí mucho de él y pienso que entre el cristianismo y la revolución no hay contradicciones.*

—*Qué tiene que ver..., qué tiene que ver...* —seguía Horacio.

Claudio, que había estado discutiendo por su lado con Néstor Silva, golpeó fuerte la puerta desde el centro de la galería.

—*Basta, che. Los que piensen que Dios existe que recen y los que no, que hagan lo que quieran. Vamos, cantemos...*

No había terminado de decirlo, cuando se escuchó: "Dios es empleado en un mostrador, da para recibir...". La salida de Horacio y la letra de Charly García lograron que la discusión se extinguiera entre risas. Sabían que el asunto no se acababa ahí pero aceptaron la tregua.

Desde el centro del pabellón, Claudia y María Clara intentaron un dúo, también convocando a Sui Generis. Sus voces arrastraron a las otras, cantando lo que siempre les servía para animarse: "Detrás de las paredes / que ayer se han levantado /

180

te ruego que respires todavía. / Apoyo mis espaldas / y espero que me abraces / atravesando el muro de mis días. / Y rasguña las piedras / y rasguña las piedras / y rasguña las piedras hasta mí".

No todos la sabían. Los "viejos" y los desafinados cantaban por su lado y mezclaban las letras. Y Osvaldo, harto del "surrealismo" de esa música, se largó con un tango.

—*No, paren, paren, qué quilombo* —gritó Claudia.

Se pusieron de acuerdo cuando llegó la medianoche, hora del brindis. Pablo propuso: "Por nuestra familia, por la libertad y por nosotros". Se escucharon golpes contra las puertas y algunos sollozos, que fueron desapareciendo cuando desde un calabozo se entonó "Zamba de mi esperanza".

Cada verso convocaba nuevas voces, hasta que se unieron todas. Porque esa sí la sabían, estrofa por estrofa.

EL DIA SOBRE LA NOCHE

Pablo tenía contados noventa y siete días de encierro cuando, de madrugada, el traje a rayas lo arrastró fuera del calabozo. Estaba con la piel reseca, el pelo hasta los hombros, pegajoso, y se desmayaba ante cualquier esfuerzo. Le iban a quitar los algodones que le infectaban los ojos. Cuando lo sentaron percibió un lugar distinto al de la pieza de torturas. Otros olores, otros ruidos.

Uno de los guardias le advirtió que no debía mirar porque allí había un teniente coronel.

—*Si lo reconocés, perdiste, pibe* —le dijo.

Era imposible que lo viera. Desde hacía tiempo sólo distinguía los contornos y tenía nubes húmedas en los ojos. El médico lo agarró de atrás, le arrancó la venda y lo limpió con alcohol.

—*Aguantá si sos hombre*.

181

Gritó con desesperación, mientras la cinta gomosa, podrida, se despegaba llevándose sus pestañas, las cejas y el alcohol penetraba la piel llagada. Ubicó la voz del teniente coronel a sus espaldas.

—*A este chico hay que mejorarlo, mirá cómo está. Vas a pasar al PEN, pibe. Pero no le podemos sacar la foto así.* vaciló—. *Bueno, ¿qué hacemos? Le cortamos el pelo..., no. Qué sé yo..., sacále la foto así.*

Lo acomodaron para fotografiarlo de perfil. Se sintió asustado por este nuevo trato.

—*¿Dónde estoy?* —preguntó.

El guardia le pegó.

—*Decíle señor. ¿No escuchaste que es un teniente coronel?*

—*Señor, ¿dónde estoy?*

Lo movieron, le agarraron las manos, los dedos. Le tomaron impresiones digitales.

—*Mirá, pibe* —dijo el teniente coronel—, *ya estás bien, te vamos a sacar de acá. Pero te quiero hacer una advertencia: vos no sabés dónde estuviste, ni con quién estuviste. Nunca contés nada, ¿entendido?*

Mientras lo devolvían a la celda, aún con la soga al cuello, el guardia le dijo:

—*Esta noche te trasladan, no hablés con nadie porque perdés. Quedáte tranquilo, salís en libertad.*

No podía creer que se iría de ese infierno. ¿Y los chicos? ¿Se irían con él? ¿Qué era eso del PEN? ¿Lo llevarían esa misma noche a su casa? "A casa esta noche", repitió para que fuera cierto.

Cuando la guardia se alejó, les gritó a los chicos que "lo pasaban al PEN".

—*Bárbaro, Pablo, eso quiere decir que reaparecés. Reaparecés, flaco* —le contestaron.

—*Creo que nos sacan a todos* —dijo convencido.

Después, cuando el silencio cubrió la galería, pensó en Claudia. No quería irse sin verla. Entre ellos había nacido algo lindo, un cariño grande, producto de esa soledad. Ella le gustaba. Le gustaba cómo le hablaba de sus cosas; cómo le decía que él la ayudaba a vivir. Le dolía escucharla llorar llamando a su madre. No sabía cómo consolarla, a veces tocaba la pared mientras hablaban, acariciaba el cemento imaginando que un calor igual llegaba desde el otro lado.

Alguien en el pasillo comentó que era 28 de diciembre, "Día de los inocentes". No podía irse sin verla. Le pidió a uno de los guardias, un "blando", que lo llevara a despedirse de ella.

—*Bueno, pero te doy quince minutos. Y que no lo sepan porque me matan.*

—*No te preocupés* —le prometió—. *Gracias.*

Cuando quedaron a solas, sin las vendas y desatados, se sentaron apretándose las manos, mirándose en silencio.

—*Gracias por las fuerzas que me das, Pablo.*

—*No, no. Ya vas a salir vos... vas a salir enseguida. Cuando estemos afuera vamos a vernos, no sé...*

—*No puedo darte nada, nada.* —Y la verdad llegó entre los sollozos—. *Me violaron en la tortura por atrás, por adelante... No puedo.*

—*No llorés, por favor.*

Pablo no sabía cómo reaccionar ante la confidencia inesperada, que lo cargaba a la vez de indignación e impotencia. Y de ternura.

—*Ya se va a arreglar todo, en serio.*

La acarició. Escucharon los pasos de la guardia.

—*Por favor, andá a lo de mis viejos. Mi dirección es 8, 1334. Decíles que estoy acá.*

No supo qué otra cosa agregar, más que prometerle que iría a lo de sus padres. Estaba aturdido y lo tuvieron que empujar fuera de la celda. Si no hubiese sentido que le correspondía a él representar el papel de fuerte, se hubiese largado a llorar, desesperado.

En la madrugada, cuando lo vinieron a buscar, golpeó por última vez la pared de Claudia. La oyó triste, en un último pedido.

—*Todos los 31 de diciembre levantá la copa por mí, por todos. Yo ya estaré muerta.*

Y no reparó en la ropa que trajeron para vestirlo, ni en que el guardia lo arrastraba como a un perro. Gritó para ella, para todos los chicos.

—*No, no digás eso, por favor. ¡Van a salir! ¡Van a salir todos!, vas a ver.*

Se escuchó bramando esa consigna mientras atravesaba la galería. Las rejas se cerraron detrás de él.

Cuando lo pusieron dentro del baúl de un Citröen, cuando ingresó a un taller que apestaba a grasa de autos y cuando, horas después, otro secuestrado le contó que estaba en la Brigada de Investigaciones de Quilmes, la voz de Claudia todavía le apretaba el corazón.

184

Tercera Parte

LA MEMORIA

MAYO 9, 1985

PABLO DIAZ: *Ahí nos reciben y nos empiezan a pegar, esto es, uno dice: "Voy a llevar las carpetas", y nos empiezan a pegar, y viene otro diciendo: "No, no, no, ¿qué hacen?, están locos, si estos ya están legalizados, no; aparte no tienen nada". Nos llevan al calabozo y de nuevo arriba; era arriba porque subimos unas escaleras. Nos atan y nos vendan pero sin la soga al cuello. Estábamos en Quilmes. Pasa esa noche, un guardia nos toma los nombres.*

Juez D'Alessio: *Perdón. ¿Estaba usted y quién más?*

Pablo Díaz: *José María Noviello, y volvemos, todo de nuevo. Quién es, quiénes están, a quiénes trajeron, cómo se llaman. Ahí estaban Walter Docters, Gustavo Calotti, dos chicos más que no recuerdo, eso era en el tercer piso porque me enteré que era la Brigada de Investigaciones de Quilmes. La celda ya no era sellada, sino que había un pasaluz que daba en diagonal, así, enfrente de una pieza. Ahí solían poner a los comunes y al lado de un ventanal grande había un bañito. Y cuando los ponían allí, ellos nos veían a nosotros. Nos asomábamos y les contábamos que estábamos vendados y atados. Después la comunica-*

187

ción era con el segundo piso, nos decían que había chicas, desaparecidas. Yo creo reconocer a Patricia Moler o Emilce Moler y Patricia Miranda, no sé muy bien. El 31 de diciembre, la noche de Año Nuevo, lo primero que preguntamos era dónde estábamos. Después, por un guardia que se había apiadado de nosotros, no sé, que nos levantaba la venda, y nos decía: "A mí no me preocupa que me miren porque yo no torturo, porque soy un ser humano". Se llamaba Jorge, el apellido no sé. Después voy a relatar de este señor, cuando me sacaron de allí. Estábamos vendados y atados y ahí vino al otro día un médico que me decía que me había dado gotas para los ojos por el trato hacia mis ojos. Yo sabía que me estaban tratando de curar, no de destruir. Comíamos una vez por día, pero nos daban bastante pan, mucho pan. Ya no había un límite. Pedíamos la cantidad de pan que queríamos y nos daban. El baño, no; seguíamos con la lata. Nos bañaron una sola vez, la vez que nos bañamos nos quedamos desnudos enfrente de la celda todos. Cuando estaba Jorge y uno que le decían "El Negro" nos hacían cantar. Cantaba él también, fue el único que nos dejaba a cara descubierta. En un momento, este señor nos dice que va a tratar de llegar a cada una de nuestras casas, que nos dejaría hacer una carta. Nunca pasó. Una noche vinieron unos peruanos de la localidad de Quilmes, de nacionalidad peruana, que nos dijeron que estábamos en la Brigada de Investigaciones de Quilmes. "Nos fue a buscar el Ejército", nos dijeron. Ellos no estaban ni vendados ni atados, nosotros les decíamos mirá, todavía no escuchamos torturas, golpes sí. Lo que pasa que yo digo tortura a la picana, pero los golpes son una tortura ¿no?, es la costumbre. A ellos los sacaron a la noche, y nos habíamos equivocado porque empezamos a escuchar los gritos de ellos. De repente, entraron a la celda, nos sacaron toda el agua, y los traje-

ron arrastrando y los tiraron en la celda. Tenían los labios quemados, los genitales, les habían dado picana. Qué sé yo, me horroricé de nuevo de estar, de pasar otra vez por eso, ¿no? Nos habían dicho que los había agarrado el Ejército, que había hombres del Ejército en la Brigada de Investigaciones de Quilmes, que había sido en el primer piso. A ellos los vinieron a buscar al otro día y se los llevaron. Nunca más supimos de los peruanos. El nombre no lo puedo afirmar tampoco.

Juez D'Alessio: *¿Conoció ahí a alguna otra persona que estuviera detenida?*

Pablo Díaz: *Estaban Walter Docters, Gustavo Calotti, a ellos se los llevaron antes de que a mí me trasladaran; Patricia Moler, Patricia Miranda, creo, Emilce Moler, que también se las llevaron. Ahí me enteré de que estuvo Víctor Treviño, de que un día a las 4 de la tarde aproximadamente lo habían bañado, lo habían perfumado y lo habían sacado. Con posterioridad me entero de que Víctor Treviño estaba desaparecido. Yo creí que se había ido en libertad, ¿no?*

Juez D'Alessio: *¿Hasta qué fecha permaneció allí?*

Pablo Díaz: *Ahí habré estado hasta... el 22 de enero, hasta el 27 de enero, habré salido de ahí, del 22 para adelante.*

Juez D'Alessio: *¿Pero usted había llegado, o yo me confundí, el 28 de diciembre?*

Pablo Díaz: *El 28 de diciembre, exactamente, pasé Año Nuevo ahí. Lo único que supimos fue que había sido Año Nuevo porque nos lo dijo el guardia. Ese día nos dieron todo el pan que quisimos.*

Juez D'Alessio: *¿En qué fecha salió de allí?*

Pablo Díaz: *De ahí salí, este, calculo el 24 de enero, no el 24 de enero no, el 27 de enero; no estoy seguro.*

Juez D'Alessio: *Bien.*

Pablo Díaz: *Yo le iba a decir del 22 al 27, en ese período.*

Quiero hablar de fechas seguras y sé que son seguras. Las condiciones: seguí atado, vendado, yo ya sabía que estaba bajo el PEN. Un guardia me decía: "Tu decreto del PEN fue el 28 de diciembre, está tu carpeta". Yo no entendía si estaba legalizado; seguía con los desaparecidos. A mi me trasladan, un día me sacan a las 4 de la tarde, sube este señor policía, porque a veces subía vestido de policía, Jorge, y me dice: "Pablo, te llevan, te vas en libertad, te van a dejar libre". Eran las cuatro de la tarde, porque él me dijo: "Son las 4". Yo quiero decir que todavía seguía con el pelo largo, con la barba larga, en las mismas condiciones, flaco, porque lo único que comía, la única recuperación digamos —si ellos me quisieron dar una recuperación, no puedo afirmarlo—, fue curarme los ojos y darme más raciones de pan. Yo ahí me levantaba, ya caminaba, porque me sacaban al sol, digo al sol porque el pasillo del tercer piso de Quilmes es un... están las celdas, y un pasillito con rejas, o sea que el sol penetra, para darme mayor ubicación no sé si sale el sol, si...

Juez D'Alessio: *Continúe.*

Pablo Díaz: *Entonces me sacaban desnudo, me ponían ahí frente al sol, y me dejaban horas y horas, ¿no? Después pasó ese día a las 4 de la tarde, me saca, me baja Jorge, me da un abrazo, me dice: "Si algún día te encontrás en la calle conmigo, recordáme bien". Me dice: "Yo no te torturé, no te hice nada, yo te traté como ser humano o por lo menos pude". Esas fueron sus palabras textuales. Me subieron a una camioneta de la Policía de la Provincia de Buenos Aires, digo esto porque en el trayecto me dijeron: "Sacáte la venda, desatáte". Yo digo: "No puedo". Me hicieron darme vuelta, me desataron en el camino. "Sacáte la venda, estás libre" dijeron. Me saqué la venda: ya podía ver medio nublado; del ojo izquierdo casi no veía y del derecho veía nublado. Me seguían poniendo* las gotas. Pude verlos a ellos tres, a los policías que me trasladaban en la camioneta. Me dejaron, fuimos hasta la comisaría tercera de Lanús, con José María Noviello. Me bajaron en ese momento; yo veo que hay vecinos en la puerta de la comisaría, ven las condiciones en que yo entro, con un pantalón apenas, no tenía zapatos, tenía el pelo, seguía con el pelo largo, con la goma del pelo, del cautiverio de Banfield, porque era todo una goma. Los vecinos, yo veo que nos miran. Puedo reconocer la tercera de Valentín Alsina porque tiene un vidrio grande; además, ya sin vendas, me llevaban al calabozo. La gente que estaba en el mostrador me ve, yo les veo las caras, yo no quisiera ni haberme visto en un espejo como estaría, estaba débil, totalmente débil, me desmayaba cada, yo no sé, pero cuando me agitaba así me desmayaba.

Ahí en la celda de la tercera de Valentín Alsina, ya legalizados, digo legalizados porque tenía visitas, estábamos Walter Docters, Gustavo Calotti, y no recuerdo otro nombre.

Al otro día me dicen que iba a estar bien, que iba a poder ver a mi familia, pero no es así. Al otro día me trasladan a la Unidad 9 de La Plata. Esto es, aproximadamente, el 29 de enero, un día antes, así que me deben haber cambiado a la tercera de Valentín Alsina... sí, me cambiaron el 29; fue el 29 que pasé de la tercera de Valetín Alsina a la Unidad 9 de La Plata.

En la Unidad 9 de La Plata, me pelan y todo eso y dicen: "Este va al hospital". Me tuvieron que levantar entre dos y yo recién ahí pude ver a mi familia, el 8 de febrero. Yo mandaba cartas, nunca les llegaron, nunca me dejaron decirles hasta dos días antes, creo, del 28 de febrero dónde estaba yo. En la Unidad 9 de La Plata me dejaban al sol, comía, yo calculo que cuatro veces al día. Seguía con las marcas al costado de cuando había dormido en el sue-

lo, todavía me veía la carne, se me podía ver un poco en los labios, en los genitales, las quemaduras, todavía se podía visualizar la uña arrancada, y se podía ver lo blanco que estaba y lo débil. Pienso que no me dejaron ver a mi familia porque me tenía que recuperar, pero ellos son testigos de que yo no estaba como a mí me habían llevado, el 21 de setiembre.

Por cielo y tierra

"Dios es empleado en un mostrador:
da para recibir.
¿Quién me dará un crédito, mi Señor?,
sólo sé sonreír."
Charly García - Sui Generis

DE EXILIOS Y LABERINTOS

PASARON DÍAS, MESES, AÑOS, y los chicos seguían ausentes. En tanto, sus familiares no se habían detenido ante silencios y portazos oficiales. Sus caminos se entrecruzaron en los pasillos del Ministerio del Interior, las oficinas de la Cruz Roja Internacional y las Naciones Unidas, las antesalas de embajadas, los atrios de iglesias de todos los credos, y las alambradas de los regimientos.

En la peregrinación por los chicos hubo ausencias, hipocresías, mentiras, abandonos, y algunas luces: los intensos reclamos entornarían la puerta de la verdad. La búsqueda semejaba un túnel sin fin donde cada respuesta negativa conducía a la desesperación. Y cada indicio sobre el paradero de los chicos, a veces una frase murmurada con temor, aportaba fuerzas y nuevas preguntas. La esperanza indestructible de que seguían con vida y de que pronto regresarían a casa.

A partir del 16 de setiembre de 1976, la vida de los padres de los siete adolescentes secuestrados estalló como un rompecabezas. Juraron buscarlos "por cielo y tierra" mientras veían a sus otros hijos partir al exilio. En la tierra había espanto y el cielo parecía clausurado. ¿Nelva Falcone olvidaría, acaso, que

195

sus súplicas ante los representantes de "lo divino" se convirtieron en una repetición de lo siniestro?

"He visto sacerdotes, entre ellos el padre Astolfi [24] que era capellán del Séptimo de Infantería de La Plata, y él me decía que había visitado a los chicos, que estaban allí, prácticamente secuestrados, que les había dado asistencia espiritual. Mi esposo y yo quedamos desconcertados ante las explicaciones de este sacerdote. Me dijo que a mi hija seguramente la mandarían a una granja de recuperación. No sé a qué recuperación se refería, si María Claudia era una chica extraordinaria (...). También habíamos ido a ver a monseñor Plaza, porque cuando mi esposo fue intendente le había hecho muchos favores que él le pidió. Pero no se acordaba de haberlo conocido porque nos atendió fríamente y no volvimos más. La segunda vez fui sola a la Curia. Me llamó la atención ver dos personas armadas en la puerta, me sentía desconcertada. Me atendió el secretario, señor Marcicano, pero no me supo dar ningún dato concreto." [25]

El matrimonio Falcone interpuso dos recursos de *hábeas corpus* por su hija, incorporados a los expedientes Nº 47166 y 25820 del 17 de setiembre de 1976 con respuestas negativas por parte de las policías Federal y de la Provincia, y del Ejército Argentino. Tal vez porque no cejaron en sus indagaciones, se les proporcionó otra respuesta: el 13 de abril de 1977, los Falcone fueron secuestrados por las FFAA, alojados en el campo de concentración "La Cacha" —ubicado en los talleres de Radio Provincia— y liberados semanas más tarde, luego de haber sido torturados para que denunciaran el paradero de su hijo Jorge.

Siguiendo los pasos de sus colegas del Ejército, la Policía Federal los secuestró nuevamente el 14 de enero de 1978 en la localidad de San Miguel. Trasladados al campo de concentración "El Banco" —en el camino al aeropuerto de Ezeiza—, volvieron a torturarlos interrogándolos sobre la misma cuestión. Después de 45 días, el 27 de febrero, fueron liberados. En noviembre de 1978, Jorge Falcone debió exiliarse con su esposa, en Suecia y más tarde en España.

A pesar de los vejámenes no abandonaron a María Claudia. Hubos dos nuevos recursos de *hábeas corpus* —expedientes Nº 1364 del 1 de julio de 1977 y Nº 19346 del 11 de abril de 1979— con negativas reiteradas de la policía provincial.

Sólo Nelva Falcone llegaría a exponer el caso ante la Comisión Nacional sobre la Desaparición de Personas (CONADEP). El 29 de julio de 1980, su esposo murió de un paro cardíaco: los tormentos sufridos agravaron una vieja lesión de su corazón. La tía Rosa "Tata" Matera murió el 24 de mayo de 1984, a los 81 años. También su corazón se había apagado.

Recuerda Olga de Acha: "Decían siempre que no, que Claudio jamás había estado detenido". Hubo un expediente, el Nº 125351. La foja Nº 2, fechada en octubre de 1976, con el informe negativo de la policía provincial, ratificaba ese recuerdo. Después, los De Acha abandonaron la ciudad para radicarse en Necochea hasta fines de agosto de 1978. Antes de hacer las valijas, habían recorrido todas las dependencias policiales y militares de La Plata. Sus últimos reclamos sobre el paradero de Claudio vincularon la espada con la cruz.

"Hicimos una presentación ante Saint Jean, y su secretario nos derivó a Camps. Los funcionarios policiales que nos atendieron dijeron no saber nada. El médico pediatra de Claudio, Samuel Estola, nos dijo que Claudio había estado detenido en la Brigada de Investigaciones de La Plata, según le habían referido algunos colegas suyos. Pobre Estola, desapareció unos meses depués. Desesperados, solicitamos una entrevista con monseñor Plaza. Nos atendió uno de sus secretarios.

—*Ustedes nunca más volverán a ver a su hijo*— dijo.

—*Señor* —pregunté— *¿por qué está tan seguro?*

—*¿Su hijo fue detenido entre el 15 y el 16 de setiembre?*

— *Sí, señor, pero ¿cómo sabe?*

Y el nos respondió convencido:

—*Ustedes no lo verán más.*

Le repetí que no podía ser, que yo tenía entendido que sólo Dios podía ser tan infalible.

—*¿No puede haber un error?* —pregunté.

Y el me respondió tajante:

—*Nunca más lo van a ver.*

Esas palabras suyas no las pude olvidar... no las pude olvidar."[26]

En setiembre de 1978 los De Acha se exiliaron en Suecia, donde se establecieron. Nélida Koifmann, tía de Claudio, continuó la búsqueda. Desde Necochea a La Plata las versiones se fueron sucediendo: Claudio había sido visto en "La Cacha", en Gonnet, en Magdalena. En marzo de 1984, la CONADEP titulaba : "Expediente Nº 148 — Claudio de Acha, su desaparición".

Irma Muntaner de López sintió miedo la mañana del 16 de setiembre de 1976 cuando presentó el primer recurso de *hábeas corpus* por Panchito en el Juzgado Federal Nº 3 de La Plata. Cualquier trámite oficial le hacía temer que la represión se extendiera hasta sus otros hijos, Luis César y Miguel Ernesto, ya amenazados. "Pensaba que no debía hacer barullo, que hacer más denuncias era como reclamar ante delincuentes. Estábamos desamparados. Pero terminé recorriendo una por una las comisarías de la ciudad, peticionando ante el Ministerio del Interior. La respuesta era siempre la misma: Panchito no estaba detenido ni tenía antecedentes."[27]

Su cautela inicial fue inútil. Luis César fue secuestrado el 9 de abril de 1977, en Mendoza. Nunca reapareció. Un mes más tarde, también Miguel y su esposa fueron torturados y amenazados: "Los vamos a fusilar, a ustedes y a toda esa familia", sentenciaban sus carceleros. Recuperaron la libertad a tiempo para acompañar a Irma Muntaner a interponer un nuevo recurso de *hábeas corpus* por Panchito, en julio de 1977. En la foja Nº 5 del expediente Nº 1362 consta, de rigor, la respuesta negativa de la policía de la provincia: Camps no sabía de Francisco López Muntaner...

El 30 de setiembre de 1976, Nora Ungaro y Norma Racero fueron secuestradas de la casa de Elsa Pereda de Racero, madre de Daniel. Nora estaba allí para recoger el número del documento de identidad de Daniel. Quería presentar un recurso de *hábeas corpus* por él y por su hermano Horacio. Una semana después, Norma fue liberada; a Nora Ungaro la trasladaron al Pozo de Arana, donde permaneció hasta el 20 de octubre.

Elsa Pereda también buscó a Daniel incansablemente. "Fui al Regimiento 7º, fui a la comisaría 2º, que pertenece a mi barrio, visité todo lo que podía ser policía, regimiento. A todos pedía hablar con alguien que tuviera autoridad, pero todos me decían lo mismo. Lo único que me dio alguna esperanza fue que en 1 y 60 había un comisario conocido y pedí hablar con él. Tanto le insistí que me dijo: 'Vaya tranquila, señora, seguro que lo tenemos nosotros, venga dentro de dos o tres días a la comisaría segunda que voy a estar yo'. Fui. El primer día me trató bien, me dijo que tenía que esperar y me citó para el día siguiente, pero ya no estaba. Me cansé de ir y nunca más lo vi. Después me dijeron que le habían dado el pase a Mar del Plata. Ahí termina mi calvario por las dependencias policiales."[28]

A mediados de 1979, Elsa Pereda se trasladó con su hija Norma a Neuquén. "Creo que lo decidí cuando dejé de esperar que Daniel tirara una piedrita a la ventana de mi habitación, como hacía siempre para avisarme que había llegado a casa. Durante meses, durante años, aún ahora, un ruido similar me sigue estremeciendo."

Como el resto de la familia, Los Ciocchini vivieron su propia *noche*. Las tres hermanas mayores de María Clara se exiliaron en diferentes países de Europa. Héctor y Elda de Ciocchini presentaron su denuncia ante la CONADEP como estación terminal de cientos de búsquedas infructuosas. Obligados al exilio interior, escucharon la historia de Pablo Díaz para recuperar "a fragmentos, la memoria de María Clara".

Algunos de los protagonistas de esa noche de angustias y dolor, no obstante, prefirieron mantener cerrada la puerta de la verdad.

LOS AUSENTES

Emilce Moler y Patricia Miranda habían participado en la movilización por el boleto secundario en la primavera de 1975. Ambas cursaban el bachillerato en el Bellas Artes. Cuando se realizaron los operativos de *La noche de los lápices*, Emilce Moler integraba el equipo de la UES de su colegio, junto con María Claudia Falcone y Panchito López Muntaner. Con diecisiete años recién cumplidos, Emilce Moler y Patricia Miranda fueron secuestradas en sus casas la madrugada del 17 de setiembre de 1976.

Algunos testimonios vertidos en el juicio a las ex juntas militares, indicaron que ambas habían permanecido inicialmente en el Pozo de Arana —como el resto de los chicos— y habían sido trasladadas posteriormente a la Brigada de Investigaciones de Quilmes, donde estuvieron hasta el 24 de diciembre de 1976, sin pasar por el Pozo de Banfield. En su testimonio, Pablo Díaz mencionó que ambas habían sido trasladadas, luego de esa fecha, a la comisaría 3º de Valentín Alsina, junto con Walter Docters, Calotti y Víctor Treviño, quien nunca reapareció.

Nora Ungaro corroboró la declaración de Pablo: "Cuando me trasladan a otro lugar que es Seguridad Policial de Quilmes, yo me cruzo con una de las chicas que se llevan en el grupo de *La noche de los lápices*, que es Emilce Moler. El padre de ella, Oscar Moler, es policía. Cuando yo salgo le aviso que había estado con la hija. El viene a verme a mi casa y me pregunta si yo quería saber dónde había estado. Le describo el lugar, le digo que escuchaba dos trenes, uno a la mañana y otro a la tardecita. 'El lugar del interrogatorio es Arana; y el lugar donde te cruzaste con mi hija es Seguridad Policial de Quilmes', me dice. El sabía dónde había estado, porque tuvo oportunidad de ver a su hija (…) Cuando la veo a Emilce Moler me dice: 'Yo estuve con tu hermano, estuvimos aproximadamente una semana juntos, luego nos trasladaron'. Me cuenta que no los dejaban hablar, y trataban de tocarse las manos y rezar para mantenerse juntos. Emilce me dice que a mi hermano, o sea Horacio, a Daniel Racero, a María Claudia Falcone, María Clara Ciocchini y a Francisco Lopez Muntaner, los trasladan juntos, pero que ellos bajan en otro lugar". [29]

Walter Docters confirmó el relato de Nora: "El 24 de diciembre nos cargan en una camioneta a Emilce Moler, a Patricia Miranda, a la chica que estaba embarazada y a Gustavo Calotti; nos ponen en el piso de la caja de la camioneta y nos tapan con frazadas, y después ponen cajas vacías arriba nuestro".

Luego de su retiro de la Policía de la Provincia de Buenos Aires, el comisario inspector Oscar Moler, padre de Emilce, había instalado un comercio de ropas en la diagonal 74 de La Plata. En la primavera de 1976, sin embargo, debió retomar contacto con sus viejos colegas: tenía que salvar a su hija. Logró ver en secreto al coronel Roberto Roualdes, a pesar de que el militar no concedía entrevistas a familiares de secuestrados. Pidió clemencia a Camps y al comisario Luis Vides, quien más se oponía a la libertad de su hija.

Finalmente, la orden llegó a Camps proveniente de las oficinas de Inteligencia del Primer Cuerpo de Ejército, donde Roualdes podía influir sobre el general Suárez Mason. En la Navidad del '76, Emilce Moler fue trasladada del Pozo de Quilmes a la comisaría 3ª de Valentín Alsina, una antigua zona de servicio del ex comisario Moler. A mediados de enero del '77 fue alojada en el penal de Villa Devoto, donde permaneció hasta el 20 de abril de 1978, día en el que salió bajo el régimen de "libertad vigilada". El ex comisario inspector había logrado su objetivo a cambio de garantías de silencio. Nunca se escucharon sus testimonios ante la CONADEP ni durante el juicio a las ex juntas militares. Patricia Miranda tampoco declaró.

Las últimas noticias sobre Emilce Moler provienen de una conversación telefónica con los autores de este libro, el 18 de junio de 1986. Con voz nerviosa, refirió: "No puedo asumir públicamente lo que sucedió. No me fue fácil. Yo reconstruí mi vida —entre comillas, claro— en Mar del Plata. Para mí fue un sacudón el juicio, y dudé. Pero después me pregunté: ¿Hasta qué punto mi testimonio puede servir?".

Su declaración, así como la de Patricia Miranda, hubiera sido decisiva. Alojadas durante tres días en el Pozo de Arana, entre el 17 y 20 de setiembre del '76, formaron parte de *La noche de los lápices* y sufrieron los mismos tormentos que sus compañeros. Sus palabras, unidas a las referencias de Pablo Díaz, hubieran probado lo que la Cámara Federal no admitió en su fallo: que todos los chicos fueron salvajemente torturados.

Testigo de Cargo

"Todavía cantamos,
todavía pedimos,
todavía soñamos,
todavía esperamos
que nos digan adónde
han escondido las flores
que aromaron las calles
persiguiendo un destino…
Dónde, dónde se han ido."
Víctor Heredia

¿POR QUÉ?

PABLO DÍAZ PERMANECIÓ PRISIONERO a disposición del Poder Ejecutivo durante tres años, nueve meses y diez días, en la Unidad Penitenciaria Nº 9 de La Plata; jamás se le sustanció proceso judicial. En las horas circulares de su cautiverio, lo turbaba una pregunta recurrente: "¿Por qué yo?". Elegido entre todos los chicos para reaparecer, lo obsesionaba encontrar la respuesta.

Repasó aquellos meses del '76. Si los secuestros de setiembre habían golpeado a estudiantes comunistas, socialistas y peronistas, el blanco de los operativos del día 16 fueron exclusivamente los chicos de la UES. Aunque por esa época él integraba la Juventud Guevarista, sus torturadores en el Pozo de Arana parecían tenerlo registrado como peronista, y es posible que ese error haya motivado su inclusión en *La noche de los lápices*. "En los interrogatorios, primero me acusaban de estar con la UES, luego volvían y me preguntaban por la Juventud Guevarista. Además, si los seguimientos se realizaron durante los meses anteriores, coincidieron con la época en que me la pasaba haciendo trámites laborales, en agosto y setiembre. Tenían una gran confusión aumentada, pienso, porque no les di nombres de otros chicos y me negué a aceptar que era un terrorista como ellos querían que confesara."

Sin embargo, Pablo dudaba de que su no pertenencia a la UES fuera el motivo de su reaparición. Después de todo, ¿en qué se diferenciaba su activismo estudiantil del de los otros chicos? ¿No se había secuestrado y asesinado a mucha gente "por las dudas"? La incesante búsqueda de su familia ¿podía haber influido?

La madrugada del 21, horas después de su secuestro, su hermano Daniel intentó movilizar al Comando Radioeléctrico y, posteriormente, asentó una denuncia por secuestro y robo en la comisaría 2º de la ciudad. Previamente había recorrido otras dependencias policiales averiguando su paradero. La respuesta oficial fue siempre negativa: "Pablo Díaz no está detenido ni tiene orden de captura".

Los primeros días de octubre del '76, su madre había logrado penetrar los dominios de monseñor Plaza, luego de implorar a varios militares cercanos al general Camps. Uno de ellos trasmitió a Hedda de Díaz el "pálpito" del obispo:

—*Díganle que el chico se salvará.*

"El obispo les aseguró que había hablado con Camps por mí, y les dijo que me iban a dar un escarmiento, que estaba en Banfield pero que no hicieran nada porque sino me mataban."

Hedda de Díaz continuó la búsqueda y repitió las súplicas a cada uno de los militares que por diferentes motivos estaban relacionados con su familia.

En enero del '77 logró entrevistarse con el general Guillermo Suárez Mason, jefe del Primer Cuerpo de Ejército, en su despacho del Regimiento 1º de Palermo.

—*Señor, quiero saber dónde está detenido mi hijo y cuándo saldrá en libertad.*

Hedda de Díaz contenía el llanto. No quería flaquear ante el general, que revisaba con lentitud una carpeta. Displicente, sin mirarla, el militar leyó uno de los papeles.

—*Señora, su hijo fue detenido repartiendo panfletos en la calle, el 28 de diciembre de 1976.*

—*No señor, eso no es verdad. A mi hijo se lo llevaron de mi casa el 21 de setiembre.*

Suárez Mason cerró la carpeta bruscamente.

—*Le repito señora que su hijo fue arrestado el 28 de diciembre por seguridad, y de ahora en adelante mejor que no se olvide de esa fecha.*

—*No, señor. Me lo sacaron de casa el 21 de setiembre* —se obstinó—. *Ahora, dígame dónde está, por favor.*

El general golpeó el escritorio. Hedda de Díaz tembló.

—*¡Sáquenla! ¡Llévensela!* —indicó al oficial que presenciaba la entrevista—. *Y por su bien, señora, le repito que de ahora en más recuerde: fue el 28 de diciembre, el 28 de diciembre.*

Mientras el oficial la empujaba hacia la puerta, Hedda de Díaz repitió:

—*No señor. A mi hijo me lo sacaron el 21 de setiembre.*[30]

La búsqueda continuó en el Ministerio del Interior, el Departamento Central de la Policía Federal, la Curia Metropolitana, y los regimientos cercanos a La Plata. Hedda de Díaz recorrió el mismo camino que todas las madres de desaparecidos.

¿El prestigio del profesor Benito Díaz había influido en la decisión final de los represores? "El era jefe del departamento de Historia de la Universidad de La Plata. Identificado con el rosismo y con el peronismo de derecha, era admirado por la gente de la CNU, y dentro de la cárcel me trataban bien porque yo era su hijo."

El dilema de Pablo no se resolvía. ¿Cuántos chicos secuestrados que nunca aparecieron tenían padres influyentes? ¿Todas las madres no habían recorrido, acaso, el camino que recorrió la suya, en la búsqueda de sus hijos? ¿Cuánto de arbitrario había en la conducta selectiva de la represión?

Su libertad llegó la tarde lluviosa del 19 de noviembre de 1980, después de haber sido sometido a extensos interrogatorios, durante los cuales distintos jefes militares quisieron asegurarse de su "recuperación".

Los primeros fueron con el teniente coronel Carlos E. Campoamor, asesor de Camps, y el coronel Carlos Sánchez Toranzos, enlace del Estado Mayor del Ejército con Institutos Penales. "Me acuerdo de que Toranzos me cuidaba porque era peronista como mi viejo. Entre los dos me preguntaban si yo tenía algún resentimiento, qué pensaba de la familia. Yo estaba en el primer pabellón de la cárcel y, a diferencia de los presos del tercero, quinto y sexto, teníamos muchos interrogatorios de ese tipo. Ya habíamos convenido que contestaríamos lo que querían oír. Cuando nos preguntaban por el resentimiento les decíamos que no teníamos ninguno. Si hablábamos de la familia lo teníamos que hacer como dice esa consigna: Dios, Patria y Hogar. Les respondíamos: quiero salir para formar una familia, trabajar y servir a la patria. Conmigo insistían porque querían tener la garantía de que nunca iba a contar que había estado desaparecido. Por eso, en el momento en que me dan la libertad me amenazan mucho."

El 12 de noviembre mantuvo la última entrevista con el mayor Pena, integrante de la 10º Brigada de Infantería de la Plata, en el despacho del director del penal. Lo sentaron frente al mayor.

—*Mirá, pibe, estoy a cargo de los casos como el tuyo. Acá tengo tu carpeta. Quiero que me contés por qué te llevaron, por qué me dejaron con semejante despelote.*

El mayor le extendió una carpeta atravesada por una banda rosa con la inscripción "subversivo". Pablo la hojeó lentamente. Vio su orden de detención y el grado de peligrosidad que le atribuían.

—*¿Así que tenés peligrosidad mínima?* —leyó Pena.
—*Sí.*

Pablo no apartaba sus ojos del expediente. Como se lo había comunicado Suárez Mason a su madre, su detención se había producido, según leía, el 28 de diciembre en "la vía pública por repartir panfletos"; el mismo día de su traslado del Pozo de Banfield a la Brigada de Investigaciones de Quilmes.

—*Señor, esto está mal* —señaló el expediente—. *Me llevaron el 21 de setiembre de mi casa.*

Esperó a ver la reacción del mayor ante la audacia, mientras intentaba disimular su miedo.

—*Ya sé, pibe* —el mayor lo miró socarronamente—. *Por eso vine a verte. Vas a salir, pero si contás lo del secuestro ya sabés lo que te puede pasar a vos y a tu familia. ¿Entendiste?*

Pablo asintió con la cabeza. Estaba asustado y sintió deseos de huir.

Una semana más tarde atravesaba las pesadas puertas del penal. El miedo y la libertad comenzaban a coexistir, contradictoriamente. Para mantener la libertad debía callar; el temor a perderla, y el dolor, le impidieron, entonces, recordar. Durante los primeros meses sintió que lo vigilaban, aunque nunca lo verificó. Tal vez fue una ilusión alentada por las amenazas de sus carceleros.

Su sentimiento de culpa por sobrevivir lo ayudaría a recordar. Antes de conocer al padre Carlos Bruno, intuía el camino de la memoria.

SECRETO DE DOS

Le había quedado inconcluso el tercer año del bachillerato. A principios de marzo de 1981 se inscribió en los cursos nocturnos de la escuela religiosa Don Bosco, porque le habían impedido el acceso a los establecimientos estatales. Como allí el bachillerato era especializado, debió comenzar desde primer año. Cuando lo terminó, había sumado diez años de secundario.

Por las mañanas, Pablo trabajaba en el restaurante de 1 y 70, atendiendo el mostrador de "comidas para llevar". Dejó la gastronomía para manejar la fotocopiadora del Departamento de Historia de la UNLP a comienzos del '82, contratado por la mutual y por recomendación de su padre.

En esos tiempos leía más poesía que nunca y su romanticismo se había acentuado, pero sufría la mordaza política. Comenzó a sentir la compulsión de participar en las marchas por los derechos humanos. Confuso, inquieto, intentaba canalizar su antigua pasión. "Un día no di más y me fui a Buenos Aires a participar en una marcha. Me puse en la cola porque todavía tenía miedo de que me vigilaran. Sentí que recuperaba un lugar que siempre había sido mío."

Esos años los pasó de guerra en guerra. En la de Malvinas no tuvo lugar ni como víctima. "Para sorpresa de mis amigos fui a la Décima Brigada de Infantería y me anoté como voluntario para ir al sur. Sin decir nada a mi familia, pedí a un amigo que me acompañara. Se quedó con su coche esperándome en la puerta del cuartel por si no volvía. Mi vieja había ido tantas veces allí pidiendo por mí... El cabo que me atendió me preguntó si tenía antecedentes. 'Sí', dije, 'fui preso político'. El tipo me miró con sorpresa y anotó mi dirección. Pensé: ahora me mandan atado en un cañón o me secuestran otra vez. Pero no pasó nada; me ignoraron totalmente."

Después de la rendición, cambió la fotocopiadora por un escritorio en la Secretaría Electoral de la ciudad. Vaciló antes de llenar la ficha de la SIDE, obligatoria para cubrir cualquier cargo público. Sobre la línea de puntos correspondientes escribió: "Sin antecedentes". No pensaba facilitarles el trabajo.

No abandonó las marchas por los derechos humanos, junto con las Madres de Plaza de Mayo y la Comisión de Familiares de Desaparecidos, y redobló su participación concurriendo no sólo a las que se hacían en La Plata sino a las de localidades cercanas y Buenos Aires. Descubría que cuanto mayor era su compromiso, menor era la angustia por el pasado. Sólo su familia conocía la historia de su secuestro, pero el secreto, como todo secreto, se vengaba de él persiguiéndolo.

El padre Carlos Bruno era su profesor de religión. Lo consideraba un hombre derecho y solidario porque asistía a los presos comunes de la cárcel de Gorina. "Bruno nos pidió que formáramos un equipo de fútbol para jugar con los presos. Un día fuimos a la cárcel y cuando entramos, vi a un guardia que me conocía de antes. Traté de escapar pero después me arrepentí; tenía que vencer el miedo. En realidad, más que miedo de volver a la cárcel sentía miedo de ser descubierto. Como los presos querían mucho al padre Bruno, no sé, creo que me identifiqué con él. Una tarde le dije que quería hablarle."

Se vieron esa misma noche, después de la cena, en la habitación del sacerdote, dentro del colegio. Luego de algunos rodeos, Pablo intentó aproximarse al tema.

—¿Por qué querés tanto a los presos? —preguntó.

—Tuve un amigo muy querido que fue preso —dijo Bruno.

—Bueno —vaciló— yo quería decirte...

Se detuvo. Bruno le sirvió un vaso de vino. Pablo revisaba los rincones de la habitación como si buscara fuerzas para continuar.

—Quería decirte que yo también estuve en cana. Primero estuve desaparecido y después me tragué cuatro años en la Unidad N° 9.

Bruno se sorprendió.

—No puede ser, no puede ser... Vos, tan chico...

Repetía que no y lo abrazaba llorando.

Sin detenerse, Pablo contó la historia de esos años. Entre mates y vino conversaron sobre la violencia y la tragedia.

211

—*Eso sí, Carlos, te ruego que no le digás nada al director* —le pidió.

—*No te preocupés, ellos no lo entenderían y por ahora es mejor que no lo sepan* —prometió Bruno.

"A partir de ese momento comenzamos a caminar juntos. Ibamos a la cárcel, a jugar al fútbol y comer asado con los presos. Cuando me veía entre ellos, se reía y me preguntaba con complicidad si conocía a alguno de los guardias de turno. Fue una lástima que lo trasladaran. En 1984 lo mandaron a un pueblo en la provincia de Buenos Aires. Después, creo, lo enviaron a Italia."

Cuando se despidieron, aquella noche de la confidencia, ya amanecía. Pablo caminó hasta su casa con el corazón liviano. Su adolescencia fracturada se reconstruía lentamente. "Esa madrugada empecé a pensar, por primera vez, dónde podría hacer la denuncia. Esa idea me volvía a la vida."

UNO EN QUINIENTOS MIL

Fue de los primeros en responder al llamado público de la Comisión Nacional sobre la Desaparición de las Personas. En La Plata, las víctimas de la represión debían presentar sus denuncias en el Palacio Legislativo.

Abril era benigno con la ciudad el mediodía en que Pablo salió de su trabajo rumbo a la legislatura. Aún no sabía cómo contar su historia. Vacilante, se detuvo en la esquina de 8 y 50. Tal vez ese hombre mayor, de traje gris, que venía en su dirección, le serviría de muleta.

—*Perdón, señor, ¿usted va a la legislatura?* —le preguntó.

—*Sí* —respondió el hombre.

—*¿Usted sabe cómo se debe hacer una denuncia allí dentro?*

Pablo señaló el edificio cercano y el hombre se interesó.

—*¿Tenés algún problema?*

—*No, no* —contestó con cautela—. *Los tuve.*

—*Vení conmigo. Voy para allá.*

Caminaron una cuadra casi en silencio, manteniéndose próximos. Subían las escalinatas cuando el hombre se detuvo.

—*Yo también voy a hacer una denuncia* —dijo entrecortado—, *porque tengo un hijo desaparecido.*

—*Sabe, yo también estuve desaparecido* —se atrevió, rápido, para no oírse—. *¿Cuál es el apellido de su hijo?*

—*Silva.*

—*¿Usted... Usted es el padre de Néstor Silva?* —tartamudeó.

El hombre le clavó una mirada de cien interrogantes.

—*Sí* —respondió temblando.

—*Yo estuve con él en el Pozo de Banfield.*

Abril era benigno también con ellos. El hombre sólo atinó a llorar y a abrazarlo. Era la primera noticia que tenía de su hijo en ocho años. Mientras entraban a la Comisión de Derechos y Garantías de la legislatura donde funcionaba la oficina local de la CONADEP, Silva repetía que ese encuentro había sido como un milagro, y Dios, tan ausente de su vida en esos años, ahora le respondía.

"Yo también me pregunté después por qué sucedió. Por qué, si nací y viví en La Plata toda mi vida, me detuve en esa esquina a preguntarle a un desconocido dónde estaba la Comisión. La Plata tiene quinientos mil habitantes y que venga uno, y que sea el padre de Néstor Silva, uno de los chicos con los que había estado secuestrado, no podía ser una casualidad. Era la señal de que tenía que seguir adelante."

"Después de la denuncia ante la CONADEP, recorrí todos los organismos de derechos humanos de La Plata. Estaba desesperado y motivado, volvía a sentir una fuerza interior indetenible. Contar lo que había pasado era como una obsesión, que sólo se saciaba con la denuncia. Comencé el rastreo de los testigos que podían comprobar mi testimonio. Lo visité a Víctor Carminati, lo llamé a Noviello. Deseaba recordar todos los detalles sepultados. Me costó mucho porque tenía miedo de volver a sufrir."

En marzo del '85, recibió una citación de la fiscalía de la Cámara Federal de la Capital abocada al juzgamiento de las ex juntas militares. A partir de ese día, preparó a su familia para enfrentar su declaración pública. Sabía que para ellos sería doloroso ese regreso al pasado, pero entendieron su decisión y le propusieron acompañarlo el día fijado para la audiencia, el 9 de mayo de 1985. Eligió viajar solo, en micro.

Por primera vez en esos años, en las semanas previas a la audiencia, soñó con los chicos. Volvió a recordar detalles, lugares, charlas, gestos. Se despertaba en medio de la noche, agitado, recuperando retazos de historia para su conciencia.

La mañana del 9 de mayo, Pablo estaba tormentoso y desgarrado. Antes de salir rumbo a Buenos Aires, debió encerrarse algunas horas en su habitación para serenarse. Lloró largamente, sin consuelo. Tanto que creyó que no podría llegar a Tribunales porque no lograba detener el llanto. Cuando finalmente pudo trepar al micro, lo reconfortó estar solo. No quería que lo vieran indefenso y temblando.

A las catorce atravesó Plaza Lavalle y penetró en el hall del Palacio de Justicia, abriéndose paso a través de un grupo de periodistas. En la sala de espera reservada a los testigos, encontró a Nelva Falcone y a Olga de Acha. Sintió pudor ante ellas; sabía que ahora se enterarían de la magnitud de la tragedia, de las violaciones y mutilaciones a sus hijos.

Juan Carlos López, secretario de la Cámara Federal, lo llamó al estrado. Miró a los jueces, fijó los ojos en el crucifijo detrás de sus espaldas, escuchó el rumor de la sala repleta y el ruido incesante de los ventiladores que no atenuaban el calor de los reflectores golpeándole la frente. Y comenzó a recordar.

Ya no estaba allí, se había transportado a la primavera del '75, a las manifestaciones por el boleto escolar, al olor de la carne chamuscada del Pozo de Arana, a la penumbra perpetua del Pozo de Banfield, a las canciones de Sui Generis entonadas desde el cariño y la ceguera, a los días en que aún tenía dieciocho años y la muerte era tan impensada como ahora lo sería el silencio.

Le dolía recordar el llanto del bebé nacido en cautiverio. Cuando los sollozos inundaban su garganta, respiraba hondo, tomaba fuerzas y regresaba a las palabras guiado por los rostros queridos, lejanos, omnipresentes en ese recóndito lugar de su corazón. Vivientes en los oídos de los que quisieran, a partir de ese momento, saber la verdad.

Habló durante dos horas y cuarenta y cinco minutos. Cuando calló, ni el fiscal Julio César Strassera ni los abogados de los reos repreguntaron. A pedido del juez Andrés D'Alessio, presidente de turno del tribunal, la sala se desocupó lentamente, amordazada por una angustia espesa.

Pablo caminó desde el estrado hacia el pasillo lateral de la sala de audiencias. Nora Ungaro lo miraba, tocándolo en silencio.

—*Viste, Nora* —dijo—, *lo nombré a tu hermano, a Horacio.*

Nora tenía las pecas húmedas.

El fiscal y su adjunto Luis Moreno Ocampo se acercaron para abrazarlo.

—*Espero no haberles fallado* —dijo.

Después, la gente apretándolo, aplaudiéndolo, mientras los periodistas intentaban registrar nuevas palabras. Una corriente cálida lo arrastró hacia la sala de prensa, pero sólo podía pensar en sus compañeros.

Pablo había recorrido una década de su vida en pública soledad, cargando con la ausencia de los que nombraba, como una multitud sobre sus espaldas. Cuando comenzó a testimoniar sintió que esta vez sería distinto, que en este trance los chicos no lo dejarían solo.

Y aunque no lo dijo, volvió a preguntarse por qué había sobrevivido.

Cuarta Parte

ANEXO DOCUMENTAL

Documentos I

EL FALLO

EL 9 DE DICIEMBRE DE 1985, la Cámara Federal de Apelaciones dictó sentencia en el juicio a las tres primeras juntas militares del denominado Proceso de Reorganización Nacional, promovido por el decreto Nº 158/83 del presidente Raúl Alfonsín.

Como parte integrante de ese pronunciamiento, el tribunal dictaminó particularmente sobre los secuestros, torturas y presuntos asesinatos de los siete adolescentes de *La noche de los lápices*.

CASO Nº 32: DE ACHA, CLAUDIO

Está probado que el día 15 de setiembre de 1976, entre las dos y tres horas, Claudio de Acha fue privado de su libertad en su domicilio ubicado en la calle Diagonal 73, Nº 2539 de La Plata, Provincia de Buenos Aires, por un grupo armado que se identificó como perteneciente al Ejército Argentino.

Ello surge del testimonio brindado por su madre, la señora Olga Koifmann de de Acha quien da un pormenorizado relato de las circunstancias en que seis u ocho personas encapuchadas entraron por la fuerza a su casa y sin dar explicaciones procedieron a llevarse a su hijo.

Lo expuesto se encuentra corroborado con el testimonio de la tía de la víctima, señora Nélida Koifmann, quien si bien no presenció el hecho, tuvo conocimiento por su propia hermana que la anotició el mismo día del suceso.

Se suma también como indicio de innegable valor probatorio, el hecho de haber sido visto de Acha, poco después de esa fecha, en cautiverio.

Durante su detención se hicieron gestiones ante autoridades, en procura de la averiguación de su paradero y libertad.

A tal efecto, el padre de la víctima, Ignacio Javier de Acha presentó un recurso de hábeas corpus en favor de su hijo Claudio, ante el Juzgado en lo Penal Nº 1 de Primera Instancia, de La Plata que tramitó bajo el Nº 121.531.

Está probado que a raíz de una solicitud judicial la autoridad requerida contestó negativamente.

En efecto, en el citado expediente Nº 121.531 obra agregado un informe suministrado por la policía provincial —fs. 2— haciendo saber que la víctima no se hallaba detenida.

Hecha esta verificación, corresponde establecer la posible mendacidad de dicho informe.

Como quedó probado, Claudio de Acha fue privado de su libertad por personal dependiente del Ejército Argentino. Si se tiene en cuenta que el informe emanó de la Policía de la Provincia de Buenos Aires, subordinada a la referida fuerza, cabe concluir que ha quedado acreditada la existencia de una respuesta mendaz.

Con relación a la Fuerza Aérea y a la Armada no está acreditado dicho extremo.

También está demostrado que a Claudio de Acha se lo mantuvo clandestinamente en cautiverio en la Brigada de Investigaciones de Banfield, perteneciente a la Policía de la

Provincia de Buenos Aires que dependía operacionalmente del Primer Cuerpo de Ejército.

Ello en virtud del testimonio brindado por Pablo Alejandro Díaz quien manifiesta haber compartido su cautiverio con la víctima y con otras personas que como ellos eran estudiantes secundarios en La Plata, quienes relacionaban sus detenciones con una gestión que habían realizado, tendiente a conseguir el boleto escolar secundario ante la correspondiente autoridad.

Díaz manifiesta saber que estuvieron en el referido lugar, no sólo por los comentarios que escuchó sino también por haber oído en una oportunidad que contestaban el teléfono dando ese nombre (Brigada de Banfield).

En igual sentido depone Víctor Alberto Carminatti, quien refiere que una vez liberado reconoció el lugar de detención.

Atilio Gustavo Calotti, al declarar mediante exhorto diplomático refiere haber visto a de Acha en cautiverio en Banfield.

No está probado que en ocasión de su cautiverio fue sometido a algún mecanismo de tortura.

Al respecto sólo se cuenta como elemento probatorio el testimonio de Pablo Alejandro Díaz, quien hace una afirmación de tipo general en el sentido de que todos eran torturados, lo que resulta insuficiente para tener por acreditado este aspecto.

Tampoco está probado que Claudio de Acha recuperara su libertad. Al respecto se carece de todo elemento convictivo de él.

En cuanto al conocimiento que pudieron haber tenido los Brigadieres Generales Omar Rubens Graffigna y Basilio Arturo Lami Dozo, el Teniente General Leopoldo Fortunato Galtieri y el Almirante Jorge Isaac Anaya acerca de la privación de la libertad de que fuera víctima Claudio de Acha y sobre cuya base debían haber formulado la pertinente denuncia, conviene hacer una distinción.

En cuanto a los Comandantes de la Fuerza Aérea y de la Armada, mal puede adjudicárseles conocimiento de estos hechos si se tiene presente que se trató de un procedimiento ajeno a ellos. Respecto del Teniente General Leopoldo Fortunato Galtieri no existe elemento alguno, como no sea el dato puramente objetivo de su comandancia del arma con posterioridad a la detención, que permitan acreditar con fehacencia tal extremo.

Por último, surge de autos, que los hechos que damnificaron a Claudio de Acha fueron desarrollados de acuerdo al proceder descripto en la cuestión de hecho Nº 146.

CASO Nº 33: FALCONE, MARIA CLAUDIA

Está probado que María Claudia Falcone fue privada de su libertad, el día 16 de setiembre de 1976, aproximadamente a las 0.30 horas, mientras se encontraba en el domicilio de una tía abuela, ubicado en la calle 56 Nº 586 de La Plata, provincia de Buenos Aires, en compañía de una amiga de nombre María Clara Ciocchini.

Ello surge de los dichos de su madre Nelva Alicia Méndez de Falcone, vertidos en la audiencia, lo que encuentra corroboración en el hecho de haber sido vista en cautiverio por diversos testigos, a los que luego se hará referencia, en diversos lugares dependientes de la fuerza del Ejército.

Durante su detención se hicieron gestiones ante autoridades, en procura de la averiguación de su paradero y libertad.

En efecto, su madre manifiesta haber presentado seis recursos de hábeas corpus. Obran agregados los Nº: 1364 interpuesto ante el Juzgado Federal Nº 3 de La Plata, iniciado con fecha 29/6/77; Nº 25820-F interpuesto ante el Juzgado Federal Nº 2 de La Plata, iniciados con fecha 17/9/76 y Nº 19346 y Nº 47166 deducidos ante el Juzgado Federal Nº 3 de La Plata.

Está probado que con motivo de una solicitud judicial la autoridad requerida contestó negativamente.

En efecto, en los citados recursos de hábeas corpus, tanto las Policías de la Provincia de Buenos Aires, la Federal, el Ministerio del Interior y el Comando en Jefe del Ejército informaron que María Claudia Falcone no se encontraba detenida, lo que motivó los rechazos de los recursos.

Hecha esta verificación, corresponde establecer la posible mendacidad de dichos informes.

Como ya se adelantó, María Claudia Falcone fue privada de su libertad por personal dependiente del Ejército Argentino. Si se tiene en cuenta que fue dicha fuerza la que respondió los informes negativos en los citados recursos, cabe concluir que ha quedado acreditada la existencia de respuestas mendaces. En cambio no cabe efectuar la misma conclusión respecto de la Fuerza Aérea y de la Armada.

A María Claudia Falcone se la mantuvo clandestinamente en cautiverio en la Brigada de Investigaciones de Banfield, Provincia de Buenos Aires, que dependía operacionalmente del Primer Cuerpo de Ejército.

Ello surge del testimonio de Pablo Alejandro Díaz, quien manifiesta haber compartido su cautiverio con la víctima y con un grupo de estudiantes secundarios, quienes relacionaban sus detenciones con una gestión que habían realizado ante las autoridades en procura de conseguir un boleto escolar. Díaz afirma conocer el lugar no sólo por comentarios entre los detenidos sino también por un llamado teléfonico que escuchó mientras se encontraba en cautiverio.

En igual sentido depone Víctor Alberto Carminatti, quien reconoce a María Claudia Falcone junto con otro grupo de estudiantes secundarios a quienes vio en la Brigada de Banfield, lugar éste que, una vez liberado, reconoció a raíz de un trabajo que realizó en las inmediaciones.

También el testigo Francisco Fanjul manifiesta que se

enteró por intermedio de una funcionaria de Institutos Penales de nombre Argentina Guzmán, que María Claudia Falcone se hallaba detenida. Esta persona la reconoció a través de una fotografía.

Nora Alicia Ungaro, manifiesta que mientras se encontraba detenida, otras personas que se hallaban en su misma situación le contaron que su hermano, junto con un grupo de estudiantes secundarios entre los que se encontraba Claudia Falcone, estaban detenidos en el lugar.

Atilio Gustavo Calotti al declarar mediante exhorto diplomático refiere haber permanecido privado de su libertad para la misma época que la víctima, enterándose por los dichos de otros cautivos que ésta había sido llevada a la Brigada de Banfield.

No está probado que en ocasión de su cautiverio fue sometida a algún mecanismo de tortura.

Obra el testimonio, en tal sentido, de Pablo Alejandro Díaz, no suficientemente específico —tan sólo lo escuchó—, que no aparece corroborado por ningún otro elemento de convicción.

No está probado que María Claudia Falcone hubiera recuperado su libertad.

Al respecto se carece de todo elemento convictivo.

En cuanto al conocimiento que pudieran haber tenido los Brigadieres Generales Omar Rubens Graffigna y Basilio Arturo Lami Dozo, el Teniente General Leopoldo Fortunato Galtieri y el Almirante Jorge Isaac Anaya acerca de la privación de la libertad de que fuera víctima María Claudia Falcone y sobre cuya base debían haber formulado la pertinente denuncia, conviene hacer una distinción.

En cuanto a los Comandantes de la Fuerza Aérea y de la Armada mal puede adjudicárseles conocimientos de estos hechos si se tiene presente que se trató de un procedimiento ajeno a ellos. Respecto del Teniente General Leopoldo Fortunato Galtieri no existe elemento alguno, como no sea el dato puramente objetivo de su comandancia del arma con posterioridad a la detención, que permitan acreditar con fehacencia tal extremo.

Por último, surge de autos, que los hechos que damnificaron a María Claudia Falcone fueron desarrollados de acuerdo al proceder descripto en la cuestión de hecho Nº 146.

CASO Nº 34: DIAZ, PABLO ALEJANDRO

Está probado que Pablo Alejandro Díaz fue privado de su libertad a las 21 horas del 21 de setiembre de 1976, en su domicilio ubicado en la calle 10 Nº 435 de La Plata, Provincia de Buenos Aires, por un grupo de personas armadas, que dependían operacionalmente del Ejército Argentino.

Ello surge del propio testimonio de la víctima, corroborado por los dichos de sus hermanos Daniel Nemecio y Estela Hebe, quienes se encontraban presentes al momento del hecho y proporcionan una versión coincidente acerca de las características en que se produjo.

Avala lo expuesto, el hecho de haber sido visto Díaz, con posterioridad a su privación, en cautiverio por otras personas, en diversos lugares dependientes del Ejército, como se verá más adelante.

Durante su detención se hicieron gestiones ante autoridades en procura de la averiguación de su paradero y libertad.

Su hermana, la docente Estela Hebe Díaz, expresa que se interpusieron tres recursos de hábeas corpus.

Obra agregado el deducido por la nombrada en favor de la víctima por ante el Juzgado en lo Penal Nº 7 de La Plata, Secretaría Nº 14, que registra el Nº 42.437 de fecha 30 de setiembre de 1976.

Está probado que con motivo de una solicitud judicial, la autoridad requerida contestó negativamente.

En efecto, a fs. 5 del citado recurso la Dirección Judicial de la Policía de la Provincia de Buenos Aires contestó con fecha 1º de octubre de 1976 que no se encontraba detenido en jurisdicción de dicha repartición.

Hecha esta verificación, corresponde establecer la posible mendacidad de dicho informe.

Como quedó probado, en la detención de Pablo Alejandro Díaz, intervino personal dependiente del Ejército Argentino. Si se tiene en cuenta que la Policía de la Provincia de Buenos Aires —que respondió el informe— dependía operacionalmente de la Fuerza Ejército, cabe concluir que ha quedado acreditada la existencia de una respuesta mendaz. Por lo tanto no cabe efectuar reproche alguno —sobre este aspecto— a la Fuerza Aérea y a la Armada.

También está probado que a Pablo Alejandro Díaz se lo mantuvo clandestinamente en cautiverio en el Destacamento Policial de Arana, en la Brigada de Investigaciones de Banfield y en la Brigada de Investigaciones de Quilmes, pertenecientes a la Policía de la Provincia de Buenos Aires, que dependían operacionalmente del Primer Cuerpo de Ejército.

La propia víctima refiere los lugares en que estuvo cautivo y la forma en que conoció sus nombres, o sea, por menciones de otros compañeros y en caso de la Brigada de Banfield por una conversación telefónica que escuchó. Posteriormente, al dar las descripciones de esos sitios comprobó que efectivamente se trataba de los que él sabía.

Ello encuentra corroboración con el testimonio de Walter Roberto Docters, quien compartió su cautiverio con Díaz en los tres centros de detención, y con el de Víctor Alberto Carminatti, quien menciona a Pablo Díaz como a una de las personas que vio alojadas en la Brigada de Banfield.

José María Noviello, al declarar mediante exhorto, manifiesta haber compartido su cautiverio con Díaz en los tres centros en que estuvo secuestrado, e incluso afirma haber sido trasladado con él desde un centro a otro. Agrega que en la Brigada de Banfield compartían la misma celda, junto también con el antes nombrado Walter Docters.

Atilio Gustavo Calotti al declarar mediante exhorto diplomático menciona a la víctima como uno de sus compañeros de cautiverio con quien tuvo varias conversaciones.

Se encuentra probado que en ocasión de su cautiverio fue sometido a algún mecanismo de tortura.

Ello así por cuanto la versión proporcionada por la víctima en el sentido de que fue sometido a reiteradas sesiones de interrogatorios en los que se le suministraba corriente eléctrica, aparece avalada por otros elementos probatorios. En tal sentido deben computarse los testimonios de Docters y Carminatti quienes resultan contestes en mencionar las torturas a que eran sometidas las personas cautivas en el mencionado centro de detención.

También está probado que Pablo Alejandro Díaz fue puesto a disposición del Poder Ejecutivo Nacional el 29 de diciembre de 1976.

Sus dichos en tal sentido no aparecen controvertidos por prueba alguna.

Por último, surge de autos, que los hechos que damnificaron a Pablo Alejandro Díaz fueron desarrollados de acuerdo al proceder descripto en la cuestión de hecho Nº 146.

CASO Nº 35: UNGARO, HORACIO ANGEL

Está probado que Horacio Angel Ungaro fue privado de su libertad el día 16 de setiembre de 1976, en su domicilio ubicado en La Plata, Provincia de Buenos Aires, junto con su amigo Daniel Alberto Racero, que se encontraba con él, por un grupo de personas armadas, que dependían del Ejército Argentino.

Ello en virtud del testimonio brindado por su hermana Nora Alicia Ungaro, quien si bien no presenció el hecho, manifiesta haberse enterado del mismo a través de su madre que vivía a corta distancia.

Corrobora lo expuesto, lo manifestado por la madre de Daniel Alberto Racero, señora Elsa Pereda de Racero, quien afirma haberse enterado del hecho por intermedio de la madre de Ungaro.

Ello se compadece con la circunstancia de haber sido vista la víctima, luego de la fecha del hecho, detenida en diversos lugares de detención, que como se verá más adelante, dependían del Ejército Argentino.

Con motivo de su detención se hicieron gestiones ante autoridades en procura de la averiguación de su paradero y libertad.

Ello surge de los dichos de su hermana Nora Alicia Ungaro, en cuanto afirma que su madre hizo una serie de trámites, entre ellos un recurso de hábeas corpus.

También está probado que a Horacio Angel Ungaro se lo mantuvo clandestinamente en cautiverio en el Destacamento Policial de Arana, en la Brigada de Investigaciones de Banfield y en la Brigada de Investigaciones de Quilmes, pertenecientes a la Policía de la Provincia de Buenos Aires que dependían operacionalmente del Primer Cuerpo de Ejército.

Ello se desprende del testimonio de Pablo Alejandro Díaz, quien afirma haber compartido su cautiverio con la víctima y con otros jóvenes en los referidos lugares de detención, relacionando dicha circunstancia con una gestión que habrían realizado ante las autoridades en procura de conseguir un boleto escolar secundario.

Dicha circunstancia aparece avalada por los dichos de Walter Roberto Docters, quien manifiesta haber visto a Ungaro en

Arana; el testimonio de su hermana Nora Alicia, quien expone que cuando se encontraba privada de su libertad en la Brigada de Investigaciones de Quilmes, otras personas en su misma situación le manifestaron que habían visto a Horacio Angel. Víctor Alberto Carminatti al declarar en la audiencia refiere haber compartido su cautiverio en la Brigada de Investigaciones de Banfield, a la que una vez en libertad pudo reconocer, con un grupo de estudiantes, entre los que si bien no menciona a la víctima, recuerda entre otros a Pablo Alejandro Díaz.

Atilio Gustavo Calotti al declarar mediante exhorto diplomático, menciona a Ungaro como uno de sus compañeros de cautiverio en Arana con quien habló en varias oportunidades, agregando que supo que luego fue trasladado a la Brigada de Banfield.

Está probado que en ocasión de su cautiverio fue sometido a algún mecanismo de tortura.

Al respecto, los testigos referidos anteriormente resultan contestes en mencionar las torturas a que eran sometidos, resultando el testimonio de Calotti de singular relevancia en cuanto afirma que le consta que Ungaro fue torturado, por haberle visto las secuelas y escuchado sus gritos de dolor.

También coinciden en cuanto a las pésimas condiciones de vida a que eran sometidos. Especialmente hacen hincapié en la escasa alimentación, en la incomodidad de las celdas, agravadas por el hecho de permanecer atados y con los ojos vendados y prácticamente desnudos, expuestos a las inclemencias climáticas.

No está probado que Horacio Angel Ungaro hubiera recuperado su libertad. Al respecto no se ha arrimado nir.gún elemento de convicción.

En cuanto al conocimiento que pudieran haber tenido los Brigadieres Generales Omar Rubens Graffigna y Basilio Arturo Lami Dozo, el Teniente General Leopoldo Fortunato Galtieri y el Almirante Jorge Isaac Anaya acerca de la priva-

231

ción de la libertad de que fuera víctima Horacio Angel Ungaro y sobre cuya base debían haber formulado la pertinente denuncia, conviene hacer una distinción.

En cuanto a los Comandantes de la Fuerza Aérea y de la Armada mal puede adjudicárseles conocimiento de estos hechos si se tiene presente que se trató de un procedimiento ajeno a ellos. Respecto del Teniente General Leopoldo Fortunato Galtieri no existe elemento alguno, como no sea el dato puramente objetivo de su comandancia del arma con posterioridad a la detención, que permitan acreditar con fehacencia tal extremo.

Por último, surge de autos, que los hechos que damnificaron a Horacio Angel Ungaro fueron desarrollados de acuerdo al proceder descripto en la cuestión de hecho Nº 146.

CASO Nº 36: RACERO, DANIEL ALBERTO

Está probado que Daniel Alberto Racero fue privado de su libertad el día 16 de setiembre de 1976, junto con su amigo Horacio Angel Ungaro, mientras se encontraban en el domicilio de este último ubicado en La Plata, Provincia de Buenos Aires, por un grupo de personas armadas, que dependían del Ejército Argentino.

Ello surge del testimonio de Nora Alicia Ungaro, hermana de Horacio Angel (caso Nº 35), que fue anoticiada del hecho a través de su madre. En igual sentido depone la señora Elsa Pereda de Racero, madre de la víctima.

Lo expuesto encuentra corroboración en el hecho de haber sido visto en cautiverio en lugares que, como luego se referirá, dependían de la Fuerza Ejército.

Con motivo de su detención se hicieron gestiones ante autoridades en procura de la averiguación de su paradero y libertad.

Ello surge de los dichos de su madre quien afirma haber interpuesto un recurso de hábeas corpus en La Plata.

En la carpeta suministrada al Tribunal por el Ministerio del Interior, obran constancias de las gestiones efectuadas en su favor ante la Justicia y diversos organismos internacionales.

También quedó demostrado que a Daniel Alberto Racero se lo mantuvo clandestinamente en detención en la Brigada de Investigaciones de Banfield, perteneciente a la Policía de la Provincia de Buenos Aires que dependía operacionalmente del Primer Cuerpo de Ejército.

Ello se desprende del testimonio aportado por Pablo Alejandro Díaz quien refiere haber compartido su cautiverio con la víctimas y con otros jóvenes en el citado centro de detención, relacionando tal circunstancia con una gestión que había llevado a cabo ante autoridades en procura de conseguir un boleto escolar secundario.

Víctor Alberto Carminatti manifiesta haber compartido su cautiverio en Banfield junto a un grupo de estudiantes secundarios, entre los que si bien no menciona a la víctima, si lo hace respecto de Pablo Alejandro Díaz.

También Nora Alicia Ungaro refiere que cuando estuvo detenida preguntó a otras personas en su misma situación sobre la suerte de su hermano Horacio Angel y por Daniel Alberto Racero, enterándose de que ambos habían sido vistos en la Brigada de Banfield.

No está probado que en ocasión de su cautiverio fuera sometido a algún mecanismo de tortura.

Al respecto no se ha arrimado ningún elemento de convicción que permita tener por acreditada esta cuestión de hecho.

Durante ese tiempo o parte de él se le impusieron condiciones inhumanas de vida y alojamiento.

En tal sentido resultan coincidentes los testimonios brindados por Pablo Alejandro Díaz y Víctor Alberto Carminatti en cuanto a las pésimas condiciones de vida a que eran sometidos. Especialmente hacen hincapié en la escasa alimentación, en la incomodidad de las celdas, agravada por el hecho de permanecer atados y con los ojos vendados y prácticamente desnudos, expuestos a las inclemencias climáticas.

No está probado que Daniel Alberto Racero haya recuperado su libertad. Al respecto no se ha arrimado ningún elemento convictivo.

En cuanto al conocimiento que pudieron haber tenido los Brigadieres Generales Omar Rubens Graffigna y Basilio Arturo Lami Dozo, el Teniente General Leopoldo Fortunato Galtieri y el Almirante Jorge Isaac Anaya acerca de la privación de la libertad de que fuera víctima Daniel Alberto Racero y sobre cuya base debían haber formulado la pertinente denuncia, conviene hacer una distinción.

En cuanto a los Comandantes de la Fuerza Aérea y de la Armada mal puede adjudicárseles conocimiento de estos hechos si se tiene presente que se trató de un procedimiento ajeno a ellos. Respecto del Teniente General Leopoldo Fortunato Galtieri no existe elemento alguno, como no sea el dato puramente objetivo de su comandancia del arma con posterioridad a la detención, que permitan acreditar con fehacencia tal extremo.

Por último, surge de autos, que el hecho que damnificó a Daniel Alberto Racero fue desarrollado de acuerdo al proceder descripto en la cuestión de hecho Nº 146.

CASO Nº 37: CIOCCHINI, MARIA CLARA

Está probado que María Clara Ciocchini fue privada de su libertad el 16 de setiembre de 1976, aproximadamente a las 0.30, mientras se encontraba junto con su amiga María Claudia Falcone en el domicilio de una tía abuela de esta última, ubicado en la calle 56 Nº 586 de La Plata, Provincia de Buenos Aires, por personal dependiente del Ejército Argentino.

Ello en virtud de los dichos de su padre, el profesor Héctor Eduardo Ciocchini; de Nelva Alicia Méndez de Falcone, madre de María Claudia —caso Nº 33—; y de los de las personas que compartieron su cautiverio en un lugar de detención, dependiente del Ejército Argentino, a lo que luego se habrá de referir.

También está probado que a María Clara Ciocchini se la mantuvo clandestinamente en cautiverio en la Brigada de Investigaciones de Banfield, perteneciente a la Policía de la Provincia de Buenos Aires que dependía operacionalmente del Primer Cuerpo de Ejército.

Lo expuesto surge del testimonio brindado por Pablo Alejandro Díaz, quien afirma haber compartido su cautiverio en el citado lugar, junto con la víctima y un grupo de jóvenes estudiantes secundarios, los que relacionaban esta circunstancia con una gestión que habían realizado tendiente a conseguir un boleto escolar. Díaz manifiesta haber conocido el nombre del lugar a raíz de una conversación telefónica que escuchó en una oportunidad en que se encontraba detenido. También Víctor Alberto Carminatti al deponer en la audiencia refiere haber compartido su cautiverio en el citado centro de detención junto a un grupo de estudiantes secundarios entre los cuales, si bien no menciona a la víctima, recuerda a de Acha (caso 32) y al referido Díaz (caso 34).

La testigo Nora Alicia Ungaro manifiesta que se enteró de esta circunstancia cuando se encontraba privada de su libertad, por comentarios de otras personas que se hallan en su misma situación.

No está probado que en ocasión de su cautiverio fuera sometida a ningún mecanismo de tortura.

Al respecto, no se ha arrimado ningún elemento de convicción.

Tampoco está probado que María Clara Ciocchini recuperara su libertad. Sobre este aspecto no se ha colectado ninguna probanza.

En cuanto al conocimiento que pudieron haber tenido los Brigadieres Generales Omar Rubens Graffigna y Basilio Arturo Lami Dozo, el Teniente General Leopoldo Fortunato Galtieri y el Almirante Jorge Isaac Anaya acerca de la privación de la libertad de que fuera víctima María Clara Ciocchini y sobre cuya base debían haber formulado la pertinente denuncia, conviene hacer una distinción.

En cuanto a los Comandantes de la Fuerza Aérea y de la Armada mal puede adjudicárseles conocimiento de estos hechos si se tiene presente que se trató de un procedimiento ajeno a ellos. Respecto del Teniente General Leopoldo Fortunato Galtieri no existe elemento alguno, como no sea el dato puramente objetivo de su comandancia del arma con posterioridad a la detención, que permitan acreditar con fehacencia tal extremo.

Por último, surge de autos, que el hecho que damnificó a María Clara Ciocchini fue desarrollado de acuerdo al proceder descripto en la cuestión de hecho Nº 146.

CASO Nº 273 BIS: LOPEZ MUNTANER, FRANCISCO BARTOLOME

Se desprende del expediente Nº 1362 caratulado "López Muntaner, Francisco Bartolomé s/recurso de hábeas corpus", del registro del Juzgado Federal de Primera Instancia Nº 3 Secretaría Nº 9 de La Plata, iniciado por Irma Irene Muntaner de López, el nombrado en el epígrafe habría sido privado de su libertad el día 16 de setiembre de 1976, en su domicilio sito en calle 17, Nº 2123, La Plata, por personas que dijeron ser del Ejército Argentino.

En dichos autos, el juez interviniente ordenó se libraran pedidos de informes a las fuerzas de seguridad, a fin de determinar el paradero del beneficiario y dichos requerimientos fueron contestados en el sentido de que López Muntaner no se encontraba detenido a disposición de ningún organismo oficial.

No se cuenta en autos con más pruebas que la versión de la presentante del recurso, cuyos dichos no se ven corroborados por otros elementos, y es por ello, que no corresponde dar acogida favorable a la pretensión punitiva.

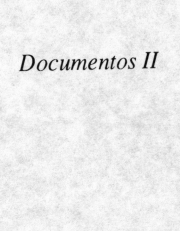

Documentos II

1) DATOS PERSONALES

· Legajo N°＿＿＿＿＿
I. N. P. S. N°＿＿＿＿＿

a) Filiación

Apellido GALLO＿＿＿＿＿ Nombres GUILLERMO GILBERTO

Nació en Argentina＿＿ Provincia de BUENOS AIRES Partido PEHUAJO
Departamento

el día 16 de Enero＿＿ de 1924 Estado Civil CASADO

b) Identidad

Matrícula Individual N° 5.002.072 Clase 1924 Distrito Militar 18

Cédula de Identidad N° 6.258.724 expedida por Policía Federal

Carta de Ciudadanía ＿＿＿＿＿ otorgada en ＿＿＿＿＿ el ＿ de ＿＿＿＿＿

Juez Federal ＿＿＿＿＿

INGRESO: 8-IV-1954   c) Aptitud

Estudios cursados: primarios, secundarios o universitarios

Título profesional MEDICO VETERINARIO/DR. en Cs. Veterinarias

Otorgado por FAC. DE Veterinaria /UNLP -1949

Aptitud especial por profesión u oficio ＿＿＿＿＿

Aptitud adquirida en su función ＿＿＿＿＿

d) Servicios militares

¿Ha prestado servicios militares? SI ¿En dónde? EJERCITO (sanidad)＿＿＿ año

Con... Teniente 1°＿＿＿＿＿ Especialidad ＿＿＿＿＿

Motivo de la Excepción ＿＿＿＿＿

Domicilio calle 42 N= 11-6 - 1900 La Plata

Firma del Empleado

Carátula del legajo personal, en la Universidad
de La Plata, de Guillermo Gallo, rector de esa
universidad cuando ocurrió el secuestro.
En la parte inferior figura asentado su rango militar

///Plata, 27 DIC 1985

VISTO estas actuaciones por las cuales este Rec-
torado ha formulado la pertinente denuncia ante el Juzgado Federal de La
Plata en turno, con motivo de irregularidades advertidas en los procedimientos adoptados en relación a la obra: "Construcción, remodelación y a-
daptación de la Facultad de Odontología I, II y III etapas" y que podrían
constituir ilícitos penales y
CONSIDERANDO:

que las irregularidades detectadas por la Comi-
sión creada por Resolución N° 908/84 son señaladas a fs. 1/5 vta. por la
Instrucción del sumario administrativo oportunamente ordenado y están rela-
cionadas con la licitación y adjudicación de las etapas de la obra y su e-
jecución y certificación;

que en ese proceder irregular se encuentran in-
volucradas las autoridades de la Universidad Nacional de La Plata que tuvieron intervención en los procedimientos de contratación directa (obvian-
do el de licitación pública), las autoridades que durante la ejecución de
la obra estuvieron a cargo de la Dirección General de Construcciones y Mantenimiento, la Inspectora de Obra y los responsables de la firma contratis-
ta "ENARRO S.A." quienes no pudieron estar ajenos a diversas certificacio-
nes de trabajos que nunca fueron realizados y sí abonados;

que habiendo quedado radicada la respectiva de-
nuncia en el Juzgado Federal de La Plata N°1, corresponde disponer la sus-
pensión del personal involucrado en la misma que revista actualmente en
los cuadros de esta Universidad, conforme a lo normado por el artículo 38°
del Reglamento de Investigaciones aprobado por Decreto 1798/80, que establece: "Cuando el proceso se hubiere originado en hechos del servicio o a él
vinculados, podrá suspenderse al agente hasta la finalización del mismo a
su respecto, sin perjuicio de la sanción que correspondiere en el orden administrativo",
Por ello, atento a lo dictaminado por la Dirección General de Asesoría Letrada a fs.7 y vta. y en ejercicio de las atribuciones conferidas por el
artículo 5°inciso a) de la Ley 23.068,

EL RECTOR NORMALIZADOR DE LA UNIVERSIDAD

R E S U E L V E :

ARTÍCULO 1°.- Suspender en forma preventiva a los siguientes agentes
de la Universidad Nacional de La Plata hasta la finalización del proceso
que se les sigue con motivo de la denuncia formulada ante el Juzgado Federal

////

1146

*Resolución 1146 de la Universidad Nacional de La Plata
suspendiendo preventivamente al ex rector Guillermo Gallo,
en tanto se sustancie el proceso judicial en su contra
(diciembre de 1985)*

////

Nº1 de La Plata a que se hace referencia más arriba:

GALLO, Guillermo Gilberto (LE. nº 5.002.072), Profesor Titular de la Facultad de Ciencias Veterinarias.

AREVALO, Juan Carlos (LE. nº 1.142.269), Profesor Titular y Profesor Adjunto de la Facultad de Ciencias Económicas.

MARANO, Angel Paulino (LE. nº 5.114.186), Profesor Adjunto de la Facultad de Arquitectura y Urbanismo.

ESTENSSORO ARAOZ, Raúl Nevio (DNI. nº 11.895.871), Categoría 22 del Agrupamiento Profesional de la Dirección General de Construcciones y Mantenimiento.

BECKER, Stella Martha (LC. nº 4.480.151), Categoría 20 del Agrupamiento Profesional de la Dirección General de Construcciones y Mantenimiento y Profesora del Bachillerato de Bellas Artes "Prof. Francisco Américo De Santo".

ARTICULO 2º.- Comuníquese a las Facultades y Dependencias mencionadas en el artículo 1º, las que deberán notificar en forma fehaciente a los agentes suspendidos, a la Dirección General de Asesoría Letrada y a la Dirección de Sumarios; tome razón Dirección de Personal y vuelva a sus efectos al citado organismo legal.-

RESOLUCION Nº............ 1146

D....
BGM

ING. RAUL A. PESSACI
RECTOR NORMALIZADOR EN LA
UNIVERSIDAD NACIONAL DE LA PLATA

ING. PABLO O. LUGHESSI
SECRETARIO GENERAL DE LA
UNIVERSIDAD NACIONAL DE LA PLATA

Legajo Nº _____
I. N. P. S. Nº _____

a) Filiación

Apellido **Stomo**　　　　　　Nombres **Juan Antonio**

Nació en **Argentina**　　　Provincia de **Bs As**　　　Partido **Berisso**
　　　　　　　　　　　　　　　　　　　　　　　Departamento

el día **17** de **Julio** de **1923** Estado Civil **Casado**

b) Identidad

Matrícula Individual Nº **2308950** Clase **23** Distrito Militar **19**

Cédula de Identidad Nº _____ expedida por _____

Carta de Ciudadanía _____ otorgada en _____ el _____ de _____ de _____

Juez Federal _____

c) Aptitud

Estudios cursados: primarios, secundarios o <u>universitarios</u> _____

Título profesional **Profesor de Filosofía**

Otorgado por **UNLP - Fac. Humanidades**

Aptitud especial por profesión u oficio _____

Aptitud adquirida en su función _____

d) Servicios militares

¿Ha prestado servicios militares? **Si** ¿En dónde? **Aeronautica**　　　　　año **1944**

Grado **Soldado**　　　　　　Especialidad _____

Motivo de la Excepción _____

Firma del Empleado

*Carátula del legajo personal, en la Universidad de La
Plata, de Juan Stomo, vicerector del Colegio Nacional
"Rafael Hernández" en la época del secuestro*

UNIVERSIDAD NACIONAL DE LA PLATA

///Plata, 2 1 MAR 1977

VISTO que la señorita Directora del Bachillerato de Bellas Artes propone a Ps.1 la designación de la Profesora Susana Raquel Fittipaldi Garay de Gallo en el cargo de Vicedirectora del citado Establecimiento,

EL RECTOR SUSTITUTO DE LA UNIVERSIDAD

R E S U E L V E :

ARTICULO 1°.- Designar a contar del 10 de marzo de 1977, a la Profesora SUSANA RAQUEL FITTIPALDI GARAY de GALLO (L.C. n° 0.857.982), en el cargo de Vicedirectora con dedicación exclusiva del Bachillerato de Bellas Artes, cargo afectado a ese Establecimiento del Colegio Nacional "Rafael Hernández", por Resolución N° 181/77.-

ARTICULO 2°.- Establecer que la retribución de la Vicedirectora designada se ajustará a la equiparación efectuada por Resolución N° 89/72 del Consejo Superior.-

ARTICULO 3°.- Imputar el gasto que demande la presente a la partida: Inciso 11-Personal-1110-Personal Permanente-070 Personal Docente, del presupuesto del Colegio Nacional "Rafael Hernández".-

ARTICULO 4°.- Comuníquese a la Dirección General de Personal del Ministerio de Cultura y Educación, al Bachillerato de Bellas Artes, al Colegio Nacional "Rafael Hernández" y a la interesada; tomen razón Departamento de Prensa y Direcciones de Títulos y Planes y de Personal. Cumplido, pase a la dependencia de origen para su conocimiento, efectos y oportuno ARCHIVO de estas actuaciones.-

RESOLUCIÓN N° 52M 251

INTERVINE
CdeC

Dr. ALFREDO E. VELASOANO

ES COPIA

Designación de Susana de Gallo (esposa del entonces rector de la Universidad de La Plata) como vicedirectora del Bachillerato de Bellas Artes. Cuando ocurrió el secuestro, se desempeñaba como regente (marzo de 1977)

La Plata, 23 AGO 1976

DIRECTIVA Nº 011

Teniendo en cuenta las especiales circunstancias del momento
y atento a la necesidad de reimplantar en todos sus alcances el lógi
co ordenamiento y contralor de todo aquello que se refiere al acceso
y permanencia de personas a todos los establecimientos educacionales,
su identificación y la justificación de su derecho o causa para hacer
lo, se establece expresamente que:

1º - Queda totalmente prohibida la entrada de personas ajenas a
los establecimientos escolares y a las funciones que deben desarrollar
se en los mismos.

2º - En todos los establecimientos se adoptarán las medidas que
permitan efectivizar la prohibición a que se refiere el punto anterior,
para lo cual se mantendrá permanentemente personal de portería en el
acceso principal con precisas instrucciones conducentes con el propósi
to denunciado en esta directiva y se cerrarán otras puertas de ingreso
al mismo.

3º - Se considerarán personas habilitadas para el acceso:
a) Personal directivo, docente, auxiliar o de maestranza del
establecimiento.
b) Personal de supervisión o funcionarios del ministerio en
relación de jerarquía directa con el establecimiento.
c) El alumnado.
d) Los padres o responsables directos de los alumnos y miem
bros de las entidades cooperadoras cuando fueren citados
o concurrieren por motivos que a juicio de la Dirección
del establecimiento fueren justificados.
e) Toda otra persona expresamente autorizada por la Dirección,
previa identificación.

4º - Las puertas de acceso al establecimiento permanecerán cerradas
fuera del horario de actividad educativa del mismo y se desig
nará un encargado de atender la misma para recibir los llama
dos que se efectúen, tarea que se cumplirá sin perjuicio de
las demás que les son específicas o asignadas por el responsa
ble del servicio.

5º - El personal directivo o docente del establecimiento será res
ponsable del cumplimiento de lo dispuesto en la presente di
rectiva.

OVIDIO J. A. SOLARI
GENERAL (R. E.)
MINISTRO DE EDUCACION
DE LA PROVINCIA DE BUENOS AIRES

*Una de las insólitas directivas del Gral. Ovidio Solari,
Ministro de Educación de la Pcia. de Buenos Aires.
Por ésta, se "considera habilitado" al alumnado para
acceder a los establecimientos educativos.*

F/C

DEROGADA Por Ordenanza Nº 4243,

...idad de La Plata
CONCEJO DELIBERANTE

xpte:2900.-B.1116/975 y agre.-C.D. La Plata, 12 de setiembre de 1975
" 37.744/975.-D.E.-

Por Ord Nº 4209-

Señor Intendente Municipal
Don JUAN PEDRO BRUN
SU DESPACHO:

Tengo el agrado de dirigirme a Ud.
con el objeto de comunicarle que este Concejo Deliberante en su
sesión extraordinaria nº 4, celebrada el día 12 del corriente, -
ha sancionado la siguiente:

ORDENANZA.- _4193_.- (1) (2).-

Artículo 1º.- Establécese para el partido de La Plata, el siguie:
---------- te cuadro tarifario para el servicio de Transporte
Colectivo de Pasajeros:

    a).- TARIFA DE LUNES A VIERNES:
         De tres a ocho horas y de dieciocho a
         veinte horas ....$ 3,50
         De ocho a dieciocho horas ....$ 5,00

    b).- TARIFA DE DIAS SABADOS, DOMINGOS Y FE-
         RIADOS:
         De tres a veinte horas ....$ 5,00

    c).- TARIFA NOCTURNA A APLICAR TODOS LOS
         DIAS SIN EXCEPCION:
         De veinte a tres horas ....$ 6,50

Artículo 2º.- Establécese un boleto estudiantil para enseñanza
---------- media y/o secundaria de pesos DOS ($ 2.00), a -
aplicarse de lunes a viernes.- (3)-

Artículo 3º.- El boleto escolar, en una tarifa única, tendrá el
---------- valor de $ 0,50.-

Artículo 4º.- Las tarifas establecidas en la presente Ordenanza
---------- rigen sin límite de longitud de viaje.-

(1)Artículo 5º.- Los horarios de partidas en las cabeceras condi-
---------- cionan las tarifas que serán invariables durante -
todo el recorrido hasta la otra cabecera. A tal efecto cada unidad llevará un cartel bien visible con tarifa y horario de parti
da de su cabecera. Las empresas remitirán semanalmente a la Co-

        (1) Modificado por Ord Nº 4209-.
        (3) Ver Decreto Nº 85/975 del C/Deliberante- /////
        " Ordenanza Nº 4228-

_Ordenanza 4193 sobre el BES. Municipalidad de La Plata
(setiembre de 1975)_

nicipalidad de La Plata
CONCEJO DELIBERANTE

////

muna el diagrama anticipado por ramal y frecuencia de unidades.-

Artículo 6º.- Las Empresas de Transporte Colectivo de Pasajeros
----------- deberán cumplimentar el horario con la frecuencia
establecida por las disposiciones vigentes.-

Artículo 7º.- Además de las sanciones que establecen las normas
----------- vigentes, el incumplimiento de lo dispuesto en la
presente Ordenanza, motivará la aplicación a las empresas responsables, de una multa equivalente al máximo que establezca
la Ley Orgánica de las Municipalidades, por coche y por infrac-
ción. En caso de reincidencia, se aplicará arresto de hasta -
treinta (30) días, al titular o titulares de las empresas con-
cesionarias y gerentes de las mismas. De producirse nueva reincidencia, la sanción será la caducidad de la concesión otorgada.-

Artículo 8º.- Las tarifas establecidas en los artículos 1, 2, y
----------- 3, comenzarán a regir a partir de la cero hora del
día siguiente de su promulgación.-

Artículo 9º.- Derógase la Ordenanza nº 4173.-

Artículo 10º.- Comuníquese y archívese.-

Saludo a Ud. muy atentamente.-

OSCAR A. MARTI...
SECRETARIO
DEL CONCEJO DELIBERANTE

BERTA ROSA CENTENARI HEREDIA
PRESIDENTE INTERINO DEL
CONCEJO DELIBERANTE

PUBLICADA EN EL BOLETÍN MUNICIPAL Nº 216 DE FECHA: 30/9/975.-

(2) VER RESOLUCION nº 125/975 del C.Deliberante.-

LA PLATA, 22 SET 1975

Cúmplase, registrese, comuniquese, publiquese en el
Boletín Municipal y Archívese.-

Dr. EZEQUIEL H. ZULO...GA
SECRETARIO GOBIERNO
(interino)

JUAN P. BRUN
INTENDENTE MUNICIPAL

LA PLATA, **12 SET 1975**

Cúmplase, regístrese, comuníquese, publíquese en

Boletín Municipal y Archívese.-

JUAN P. BRUN
INTENDENTE MUNICIPAL

/dc

Dr. EZEQUIEL H. ZULOAGA
SECRETARIO GOBIERNO
(INTERINO)

LA PLATA, **12 SET 1975**

Registrada en la fecha bajo el número _cuatro mil_

ciento noventa y tres (4193) -

JUAN P. BRUN
INTENDENTE MUNICIPAL

Dr. EZEQUIEL H ZULOAGA
SECRETARIO GOBIERNO
(INTERINO)

Dr. EZEQUIEL H. ZULOAGA
SECRETARIO GOBIERNO
(INTERINO)

PROVINCIA DE BUENOS AIRES
MINISTERIO DE OBRAS PUBLICAS
DIRECCION DEL TRANSPORTE

LA PLATA, 1 de septiembre de 1976.-

Visto el expediente n° 2417-'
4766/76 por el que la Cámara Gremial del Transporte Automotor de la Provincia de Buenos Aires, solicita un -
reajuste tarifario, y

CONSIDERANDO:

Que, se hace conveniente tras
ladar a los servicios que prestan las empresas que inter-
munican los partidos de La Plata, Berisso y Ensenada, los
porcentajes de incrementos operados en combustibles, lu-
bricantes, salarios, etc.;

Que, mediante los estudios rea
lizados en el Ministerio de Obras Públicas (Dirección -'
del Transporte), se ha verificado que los mencionados -
servicios tienen un índice pasajero-kilómetro inferior,-
respecto a similares, correspondientes al área del Gran
Buenos Aires;

Que, consecuentemente por las
características de tráfico y servicio, las tarifas de La
Plata, Ensenada y Berisso han recibido un tratamiento di
ferencial;

Que se mantiene el criterio -
de fijar una tarifa única durante la noche, a los efec--
tos de alentar un servicio eficiente;

Que, sin perjuicio de lo ex--
puesto se mantiene la vigencia del boleto secundario, --
que favorece indudablemente a un importante sector de es
tudiantes;

Que, de acuerdo con lo dis---
puesto en el Artículo 36° de la Ley Orgánica del Trans--
porte de Pasajeros (Decreto-Ley n° 16.378 de 1957 y modi
ficatorio Decreto-Ley n° 7396/68), corresponde dictar el
pertinente acto resolutivo;

Por ello,

EL GOBERNADOR DE LA PROVINCIA DE BUENOS AIRES

D E C R E T A :

Artículo 1°.- Apruébase para el transporte colectivo de
------------- pasajeros en los tráficos que se operan en
los Partidos de La Plata, Berisso y Ensenada, la siguien
te escala tarifaria:

Una (1) Sección, para tres (3) Km. . . . . $ 18,00
Dos (2) Secciones, para seis (6) Km. . . . . . . $ 25,00
Tres (3) Secciones, para nueve (9) Km. . . . . . $ 25,00

///

Decreto 4357 sobre el BES.
Gobernación de Buenos Aires (setiembre de 1976)

///

Cuatro (4) Secciones, para doce (12) km. . . . . . $ 10,00
Cinco (5) Secciones, para quince (15) km. . . . . . $ 20,00
Seis (6) Secciones, para dieciocho (18) km. . . . . $ 25,00
Siete (7) Secciones, para veintiun (21) km. . . . . $ 38,00
Ocho (8) Secciones, para veinticuatro (24) km. . . $ 35,00
Nueve (9) Secciones, para veintiste (27) km. . . . . $ 35,00
Diez (10) Secciones, para treinta (30) km. . . . . . $ 35,00

Artículo 2º.- Apruébase para los servicios de La Plata, Be-
--------------- risso y Ensenada, un boleto escolar con el valor de $ 3,00 y uno estudiantil para enseñanza media y/o se
cundaria a aplicar de lunes a viernes de $ 10,00.-

Artículo 3º.- Establécese una tarifa nocturna única entre -
--------------- las 21,00 y las 5,00 horas de la mañana de -
$ 35,00.-

Artículo 4º.- El presente decreto comenzará a regir a par-
--------------- tir de la CERO (0) HORA del día 2 de septiembre de 1976.-

Artículo 5º.- El presente decreto será refrendado por los -
--------------- señores Ministros Secretarios en los Departa-
mentos de Obras Públicas y de Gobierno.-

Artículo 6º.- Comuníquese, publíquese, dése al Registro y -
--------------- Boletín Oficial y vuelva al Ministerio de O-
bras Públicas (Dirección del Transporte) para su conocimien
to y fines pertinentes.-

                                    Fdo.: SAINT JEAN
DECRETO Nº 4357   GOROSTIAGA
                                    SMART

SECRETARIA DE ESTADO DE GOBIERNO
DIRECCION GENERAL DE ADMINISTRACION
DIVISION MESA DE ENTRADAS, LEGALIZACIONES Y ARCHIVO

Expte. *192.731- Cde 3*   Año *1977*

Fecha de Entrada   **19 JUL 1977**

INICIADOR *N. H. Mendez de Falcone*

ASUNTO *R/ paradero de su hijo*

Para cualquier consulta relacionada con el trámite del expediente antes mencionado es imprescindible la presentación de esta tarjeta.

Expediente iniciado por la familia Falcone sobre el paradero de su hija en el Ministerio del Interior (1977)

EJERCITO ARGENTINO
ICIA 601

L / ICIA -	DIA	MES	AÑO
APOYO	16	09	76.

DE JEF.1 P.P.B.A.
A JEF.1 ICIA DVB.-
ORIGEN: AS. JEF.POL. P.B.A.

FILIACION:
P. DE B.- ACT. EST

OBJETIVO PRIMARIO: MARIA CLAUD" FALCONE-DOC.INO-16 AÑOS
EST.- LA PLATA
OBJETIVO SECUNDARIO:

RESERVADO

GRADO DE PELIGROSIDAD:	ZONA	UB-ZONA	AREA	
MINIMO.-	1	--	113	AP.AZ-

EDIFICIO/DPTO/FTE/C.FTE   A INTERVENIR SIPPBA- AP-AZ-
INTERNADO/FINCA/POR/BUZON

CHEQUEO PRIMARIO: S/I   EFECTIOS BROSSITO.-
CHEQUEO FINAL: S/I
EFECTUADO POR:

FECHA A REALIZAR 16/09
FECHA ALTERNATIVA: S/I

RESULTADO: S/5 AL 444.-

EVALUACION: APYO.- A SIPPBA.-

INFORMADO: PLC. AZ-I--
DESTINO INTERNO: 444-
DEPOSITO: SI / NO
TRASLADO: S/I.-
RESPONZABLE: SIPPBA.-
GRUPO: JEF.ICIA.-

Orden de detención de María Claudia Falcone
(16 de setiembre de 1976)

Documentos III

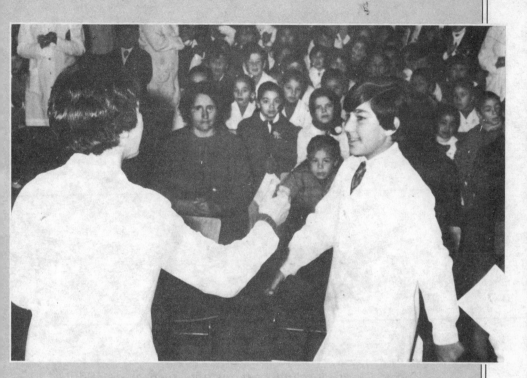

*Francisco López Muntaner, 12 años. Premio al mejor
compañero de 7º grado (1972)*

María Clara Ciocchini, casi dos años (verano de 1960)

Claudio de Acha (agachado en el centro) con su hermana Sonia
y dos primos, en Necochea (verano de 1969)

Horacio Ungaro, en 7º grado (1971)

Daniel Racero, 11 años, con sus padres (1969)

María Claudia Falcone (izquierda), escolta
de la bandera (25 de mayo de 1973)

*Pablo Díaz (en el centro), 16 años, con su hermano Daniel
y su cuñada (noviembre de 1974)*

Francisco López Muntaner, su último cumpleaños.
Seis días antes del secuestro (10 de setiembre de 1976)

María Clara Ciocchini, 12 años, en Bahía Blanca (junio de 1972)

María Claudia Falcone, en San Clemente del Tuyú (enero de 1976)

Dibujo de Francisco López Muntaner, 14 años (1975)

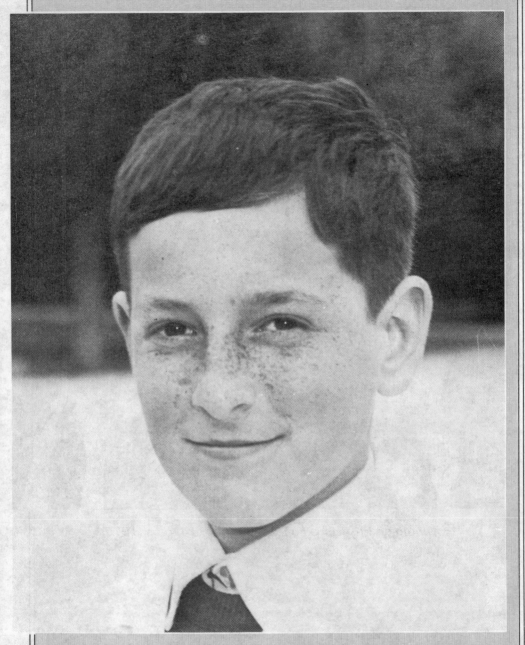

Horacio Ungaro, 12 años (1971)

**Nunca Dios ha estado tan cerca nuestro
como ahora que nos sentimos tan inseguros...**

Mami:

*Te la ofrezco con mucho amor, y sobre todo con el pleno
convencimiento de que es, en estos momentos duros, cundo no tenemos que
dudar que Dios está con nosotros. Una forma de demostrar tal confianza
es tender tu mano firme y dejarte llevar.*

María Clara
(13-8-76)

Las bombas caen como han caído pétalos de margaritas deshojadas.
Sobre Corea, Vietnam, Laos y Camboya ayer cayeron,
hoy caen en Israel, Egipto y Siria, pero ellas no se acaban,
mañana caerán en Perú, Argentina, China, Cuba o sobre suelo congoleño
pero siempre, siempre esas bombas matarán miles y miles de vidas humanas
y siempre serán arrojadas desde lo alto por águilas de filosas garras.
Esas garras, además, se han clavado
con extremada fuerza
en muchos territorios latinoamericanos.
Uruguay, Bolivia, Brasil, Paraguay y en la patria chilena.
Ahora, al ver a nuestros hermanos morir y sufrir,
más que nunca esas garras debemos cortar y destruir.

Poesía de Claudio de Acha, 15 años (octubre de 1973)

MUNICIPALIDAD DE LA PLATA

1er. bimestre Firma responsable

ELISABETH B. T. de von WERNCIH
SECRETARIA

2do. bimestre Firma responsable

SECRETARIA

3er. bimestre Firma responsable

4to. bimestre Firma responsable

5to. bimestre Firma responsable

CARNET

BOLETO SECUNDARIO

Ordenanza N° 4168

—1976—

El portador _UNGARO_

Horacio

Doc. Ident. N° _13.434.231_

Es alumno del establecimiento

Realiza _12_ viajes semanales.

La Plata, _12_ / _Abril_ / _1976_

Firma responsable
ELISABETH B. T. de von WERNCIH
SECRETARIA

Carnet del Boleto Secundario perteneciente a Horacio Ungaro
(abril de 1976)

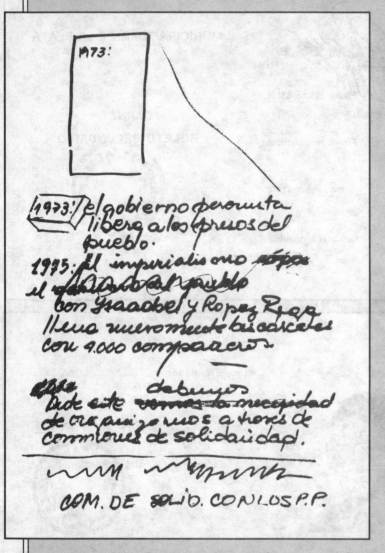

Un volante en preparación.
Cuaderno de María Claudia Falcone (1975)

Tomé el camino viejo y...

Me dirigí hacia mi antigua casa, cruzando ese sendero abierto entre las plantas, llegué a ella, miré su frente, nada había cambiado, estaban allí las dos grandes ventanas con sus desgastadas rejas de hierro...

La puerta, la imponente puerta marrón que tantas veces había atravesado en mis juegos infantiles, estaba descolorida por los largos e implacables años..

Me alejé. Pero todavía conservaba en mi mente la imagen de esos tejas rojas que inmensas, hacia las que había trepado en mi niñez innumerables veces.

Cuando estaba por salir de ese camino. Lo vi. Era él. Mi antiguo y añorado perro, todavía milagrosamente vivo. Igualmente, me fué, sonriendo

Composición de Claudio de Acha, 14 años

SUBDESARROLLO COMICS presenta:

LA REVOLUCIÓN FALLIDA DE DOS MULATOS MULÉ

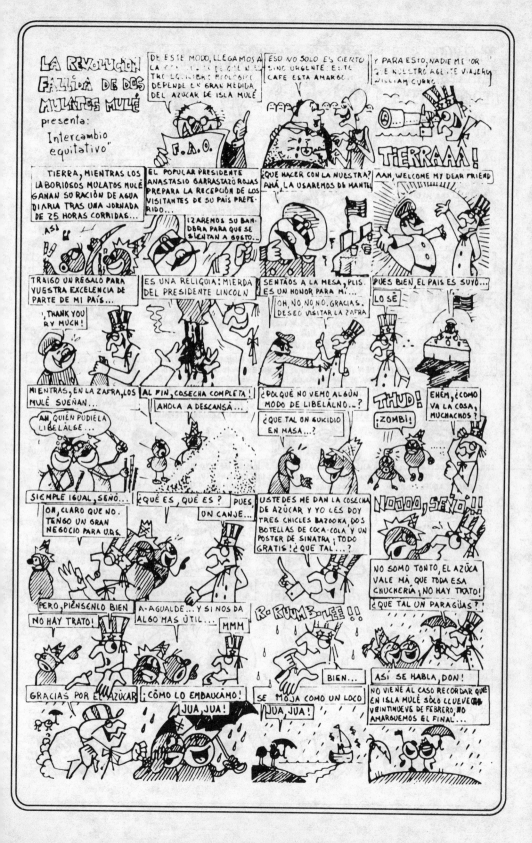

Hoy
me he quedado inmóvil observando en el recuerdo
el beso que se estrellaba en el muro.
Flor o acero. Ni ángel ni desángel.
Sólo la verdad desnuda.
La voz es un reclamo de amor y un instante duro.
Pero las manos no pierden el momento de tus manos.
Dónde estás, en qué tiempo, en qué mundo te encuentro?
Hasta dónde estiro la mirada para verte?
Si me dieras una señal, el próximo 31 de diciembre
me llegaría hasta vos
No creas que no te busco, no me olvido,
pues no hubo adiós, nos dijimos hasta luego.
Por favor, que las aguas del mar te traigan hasta mí.
O la soledad del otoño,
o las flores de la primavera.
Como quieras.
Pero no dejes de volver a lo que soñamos.
Si no es conmigo, ojalá que igual estés en paz.
Te acordás?,
habíamos quedado en ir de vacaciones
o de juntarnos todos los chicos a tomar cerveza.
Pero estoy solo, ni vos ni ellos han vuelto.
Y yo camino mirando a ver si los encuentro.
Me junto con sus madres, padres, hermanos,
tíos, amigos,
y no sé qué decirles, ¿dónde están las palabras para ellos?
Todavía no he aprendido a no desafinar,
¿y las idas a las villas?
Qué es esto de sobreviviente? Por favor!
Que algún día los encuentre.

Poesía de Pablo Díaz para Claudia. Junio de 1985

NOTAS

1. *La infancia recuperada*, Fernando Savater, Editorial Taurus, Madrid, España, 1979, pág. 91.
2. Angel Bengochea, militante trotskista que en 1964 formó el grupo guerrillero Fuerzas Armadas de la Revolución Nacional (FARN). Muere al estallar una bomba en preparación, el 24 de julio de 1964.
3. *Clarín*, 12 de agosto de 1975.
4. *La última*, Enrique Vázquez. Editorial EUDEBA, Buenos Aires, 1985, pág. 41.
5. Secuestrado en mayo de 1980. Permanece desaparecido.
6. *Clarín*, 10 de setiembre de 1975.
7. *Clarín*, 13 de setiembre de 1975.
8. *Ezeiza*, Horacio Verbitsky, Editorial Contrapunto, Buenos Aires, 1985, pág. 35.
9. *El Día*, 6 de abril de 1976.
10. *El Día*, 5 de junio de 1976.
11. *El Día*, 11 de junio de 1976.
12. Decreto 4357/76 y siguientes. Archivo del Ministerio de Obras Públicas y Dirección de Transportes de La Plata.
13. *El Día*, 16 de setiembre de 1976.
14. Inés Ortega de Fossatti, 17 años, fue secuestrada en marzo de 1977. Su hijo nació en cautiverio. Ambos permanecen desaparecidos.
15. Nelva de Falcone. Su testimonio en el juicio a las juntas militares. Fojas 1130/33. Mayo, 1985.

16. Olga de Acha. Su testimonio en el juicio a las juntas militares. Fojas 1089/93. Mayo, 1985.

17. Nora Ungaro. Su testimonio en el juicio a las juntas militares. Fojas 1154/56. Mayo, 1985.

18. Irma Muntaner de López. Reportaje de los autores. Diciembre, 1985.

19. "La paraguaya": Marlene Katherine Kegler Krug, secuestrada el 24 de setiembre de 1976. Permanece desaparecida.

20. Se trataría de la embarazada Stella Maris Montesano de Ogando.

21. Se trataría de la embarazada Gabriela Carriquiriborde.

22. Se trataría de la embarazada Cristina Navajas de Santucho.

23. Según testimonios de Adriana Calvo de Laborde y de otros secuestrados, se trata del médico-policía Jorge Antonio Bergés.

24. "Cura" o "padre Astolfi", teniente primero del Regimiento séptimo de La Plata, con funciones en la Brigada de Investigaciones de esa ciudad.

25. Nelva de Falcone. Su testimonio en el juicio a las juntas militares. Fojas 1130/93. Mayo, 1985.

27. Irma Muntaner de López. Reportaje de los autores. Diciembre, 1985.

28. Elsa Pereda de Racero. Su testimonio en el juicio a las juntas militares. Fojas 1185/86. Mayo, 1985.

29. Nora Ungaro. Su testimonio en el juicio a las juntas militares. Fojas 1154/56. Mayo, 1985.

30. Estela Hebe Díaz. Su testimonio en el juicio a las juntas militares. Fojas 1174/76, Mayo, 1985.

INDICE

Prologo a la nueva edicion 11
Prologo 17
Mayo 9, 1985 21

Primera parte:
Crecer en la tormenta

Diez años antes, en primavera 27
    Con los ojos abiertos 29
    Claudio 35
    Con los pies en la calle 43
    Horacio 49
    Victoria empieza con "V" 57

El invierno mas perverso 61
    Ruido de botas 63
    María Clara 67
    Tiempo de orden 73
    María Claudia 77
    Prohibido permitir 87
    Pablo 91
    Rectores militares 99
    Francisco 105
    La muerte y el general 113
    Daniel 119
    Los hombres del general 125

Segunda parte:
La noche

Las visperas 133
    El reencuentro 135
    La carga del tarifazo 139

En la mira 143
El último sol 149

LA PESADILLA 157
La noche debajo de *El Día* 159

Tercera parte:
La memoria

MAYO 9, 1985 187

POR CIELO Y TIERRA 193
De exilios y laberintos 195

TESTIGO DE CARGO 203
¿Por qué? 205

Cuarta parte:
Anexo documental

DOCUMENTOS I 219
El fallo 221

DOCUMENTOS II 239
DOCUMENTOS III 255

NOTAS 283

Esta edición
se terminó de imprimir en
Talleres Gráficos Segunda Edición
Gral. Fructuoso Rivera 1066, Buenos Aires,
en el mes de agosto de 1992.